Ratgeber Depression

Ratgeber zur Reihe Fortschritte der Psychotherapie
Band 13
Ratgeber Depression
von Prof. Dr. Martin Hautzinger

Ratgeber Depression

Informationen für Betroffene und Angehörige

von Martin Hautzinger

HOGREFE
GÖTTINGEN · BERN · WIEN
TORONTO · SEATTLE · OXFORD · PRAG

Prof. Dr. Martin Hautzinger, geb. 1950. 1971-1976 Studium der Psychologie in Bochum und Berlin. 1980 Promotion. 1981-1983 Assistent Professor am Department of Psychology der University of Oregon, Eugene, USA. 1984-1989 Hochschulassistent für Klinische und Differentielle Psychologie an der Universität Konstanz. 1987 Habilitation. 1990-1996 Professor für Klinische Psychologie am Psychologischen Institut der Universität Mainz. Seit 1996 Ordinarius für Psychologie und Leiter der Abteilung Klinische und Entwicklungspsychologie am Psychologischen Institut der Universität Tübingen.

Bibliografische Information Der Deutschen Bibliothek

Die Deutsche Bibliothek verzeichnet diese Publikation in der Deutschen Nationalbibliografie; detaillierte bibliografische Daten sind im Internet über http://dnb.ddb.de abrufbar.

Göttingen • Bern • Wien • Toronto • Seattle • Oxford • Prag
Rohnsweg 25, 37085 Göttingen

http://www.hogrefe.de
Aktuelle Informationen • Weitere Titel zum Thema • Ergänzende Materialien

Umschlagabbildung: © Getty Images
Satz: Grafik-Design Fischer, Weimar
Gesamtherstellung: AZ Druck und Datentechnik GmbH, Kempten
Printed in Germany
Auf säurefreiem Papier gedruckt

ISBN 3-8017-1879-4

Inhaltsverzeichnis

Vorwort

Schwermut und Depression sind häufige Erkrankungen, die oft nicht erkannt und viel zu spät ernst genommen werden. Depressionen kommen in allen Lebensphasen vom Jugendalter bis ins hohe Alter vor. Frauen sind davon häufiger als Männer betroffen.

Diese seelische Störung wird in vielen Fällen unangemessen oder falsch behandelt. Die Folgen sind Leid, Chronifizierung, Verlust an Lebensqualität und Krankheit, ja sogar verkürzte Lebenserwartung. Dabei stehen erfolgreiche und hilfreiche Behandlungsmöglichkeiten zur Verfügung.

Dieser Ratgeber will Betroffene und Angehörige über die Beschwerden und das Krankheitsbild, den Verlauf, die Ursachen und die Behandlungsmöglichkeiten aufklären. Es werden einige Selbsthilfemöglichkeiten zur Mitbehandlung, doch vor allem zur Vorbeugung der Störung dargestellt. Weitere Informationen, die im Internet und in Büchern zu finden sowie bei verschiedenen Organisationen zu erhalten sind, werden ebenfalls aufgelistet.

Tübingen, im September 2005 *M. Hautzinger*

1 Depression – Was ist das?

1.1 Von der trüben Stimmung zur Depression

Nicht jede traurige Verstimmung darf mit einer Depression gleichgesetzt werden. Trübe Gedanken gehören zum Alltag, sie vergehen auch schnell wieder. Eine Enttäuschung wird nach Tagen durch neue Erlebnisse verdrängt. Die Zeit heilt Wunden. Beim Verlust oder Tod eines nahen, geliebten Menschen ist die Trauer oft tief und länger anhaltend, oft ein ganzes Jahr. Wir können aber voraussagen, dass sich die Stimmung fast immer wieder aufhellt. Eine solche traurige Verstimmung, auch wenn sie momentan noch so tief sitzt, bezeichnen wir nicht als Krankheit.

Schwermut, Melancholie oder moderner „Depressionen" sind häufige Störungen und ernsthafte Erkrankungen, die den ganzen Menschen betreffen. Sowohl seelische als auch körperliche Funktionen sind davon betroffen.

Die seelischen Veränderungen betreffen vor allem das *Gefühlsleben*. Positive Gefühle, wie Freude, Lust, Energie, Interesse, Zufriedenheit, Entspannung fehlen oder treten stark in den Hintergrund. Negative, unangenehme und schmerzhafte Gefühle bestimmen in einem nicht bekannten Ausmaß das Leben. Zu diesen negativen Gefühlen gehören Niedergeschlagenheit, Traurigkeit, Angst, Verbitterung, Einsamkeitsgefühl, Hilflosigkeit, Verzweiflung und Hoffnungslosigkeit. Sie wechseln ab mit Phasen der Erschöpfung, der Schwermut und der Leere, bei der sich die Betroffenen wie „eingemauert", isoliert und innerlich wie tot vorkommen.

Eine Depression betrifft jedoch auch die *Leistungsfähigkeit*, das Denken, das Gedächtnis und das Urteilsvermögen. Betroffene klagen über Konzentrationsmangel, über Gedächtnisschwächen und Probleme, sich Ereignisse zu merken. Sie ermüden leichter, haben weniger Ausdauer und Kraft. Selbst bei Alltäglichkeiten fällt die Entscheidung oft schwer und das Urteilsvermögen ist eingeschränkt.

Verändert ist auch die Art und Weise, wie von Depression Betroffene sich selbst, ihre Angehörigen, ihre Lage, ihre Möglichkeiten und ihre Zukunft sehen. Es dominiert *Pessimismus,* auch wenn es dafür keinen eindeutigen Grund gibt. Die Umwelt, oft auch die Angehörigen werden als fremd, bedrohlich und feindselig erlebt. Die eigene Person ist schlecht und hat *Schuld* auf sich geladen. Das eigene Leben erscheint als eine Kette von Misserfolgen und Niederlagen. Die Zukunft ist unsicher, unausweichlich voll mit Bedrohlichem. Daher erleben viele depressive Menschen auch Angst und Hoffnungslosigkeit.

Verändert sind auch der *Antrieb*, die Begeisterungsfähigkeit, das *Interesse*, das Berührtsein von Dingen und Erlebnissen und die Anteilnahme. Schwermütige ziehen sich zurück, haben keine Ziele und Wünsche mehr. Das Leben ist fade, freudlos und leer. Schlimmstenfalls sieht man im Weiterleben keinen Sinn mehr und will nicht mehr am Leben bleiben.

Besonders typisch für eine Depression sind zahlreiche *körperliche Beschwerden*. Betroffene leiden unter Schlafstörungen, Appetitlosigkeit, einem Verlust von sexuellen Interessen und Empfindungen bei Sex, fehlendem Geschmacksempfinden, Druck und Enge in der Brust, Kopf- und Bauchschmerzen, Magen- und Darmbeschwerden, Kraftlosigkeit, Erschöpfung, Vergesslichkeit, Gereiztheit, Unruhe und ziellosem Getriebensein. Insbesondere im fortschreitenden Alter bestimmen diese körperlichen Beschwerden das Bild einer Depression.

Schlafstörungen sind oft die ersten Anzeichen einer Depression und müssen immer sehr ernst genommen werden. Zwei oder mehr Stunden vor der gewohnten Zeit wachen depressive Patienten auf; in diesen frühen Morgenstunden wird die Depression als besonders schwer empfunden. Es ist das Morgentief der Depressiven. Der Schlafrhythmus ist bei ihnen gestört. Ein Zehntcl der depressiven Patienten hat nicht zu wenig, sondern zu viel Schlaf. Die Ursachen für dieses Phänomen sind gänzlich unbekannt.

Appetitlosigkeit ist eine sehr häufige Begleiterscheinung der Depression. Wenn dann nicht zügig behandelt wird, kommt es manchmal innerhalb von wenigen Wochen zu drastischen Gewichtsabnahmen, was insbesondere bei älteren Menschen lebensgefährlich sein kann.

Ein wichtiger Komplex, der bei Depressiven eine große Rolle spielt, sind die Beschwerden und Schmerzen in allen Organen und Körperbereichen. Rund 60 Prozent der depressiven Patienten, vor allem Frauen, leiden daran. Am häufigsten sind es Rücken- und Kopfschmerzen, Magenbeschwerden, Verdauungsprobleme: Sie treten bei Depressiven zwei- bis dreimal häufiger als bei Gesunden auf. Bei anderen Patienten verlagert sich der Schmerz ganz auf das Herz. Es treten neben Herzrhythmusstörungen zusätzlich Herzängste auf, die sich bis zur Panik steigern können. Als körperliches Symptom wird von Depressiven auch das allgemeine Krankheitsgefühl, das sich in Kraftlosigkeit, Energieverlust und Erschöpfung ausdrückt, empfunden. Oft verschlimmern sich unter einer Depression bereits vorhandene leichte körperliche Beschwerden, so etwa Rücken- und Nackenschmerzen oder Atembeschwerden.

Mit einer Depression einher geht der Verlust an Empfindungsfähigkeit und Interesse an Sexualität. Betroffene haben weniger oder gar keine Lust mehr auf Intimität, körperlichen Kontakt und Sexualität. Andere merken, dass sie bei der Sexualität weniger oder gar nichts mehr empfinden. Dies kann zu heftigen Störungen in Beziehungen und Ehen führen.

Viele dieser Gemütszustände, Stimmungen und Beschwerden *kennen wir alle*. Erst wenn mehrere dieser Beschwerden gleichzeitig auftreten, eine bestimmte Zeit lang dauern und eine gewisse Stärke überschreiten, werden sie zur Qual und zu einer Krankheit. Einzelne Symptome sind normale, natürliche Reaktionen auf Erfahrungen von z. B. Verlust, Misserfolg, Enttäuschung, Belastung, Zeiten der Ziellosigkeit, der Einsamkeit oder der Erschöpfung.

Robert Burton hat die Schwermut in seinem Buch mit dem Titel „Anatomie der Melancholie" bereits 1621 ausführlich beschrieben. Er war Theologe in Oxford und trug alles zusammen, was man damals aus Medizin, Philosophie, Dichtung und Theologie über die Schwermut wusste. Der Mensch kann dieser Melancholie, die sich in der Seele so fest einnistet, nicht entkommen – das ist seine Botschaft. Es ist zwar ein langer Weg von Burtons „Melancholie" bis zum heutigen Verständnis von „Depression", doch in der Unterscheidung normaler, sich wieder verflüchtender „Traurigkeit" und dem krankhaften Zustand der „Depression" hat er auf eine auch heute noch gültige Grenze hingewiesen. Wann und wodurch die Grenze zwischen diesen normalen Reaktionen und den als klinisch auffällig betrachteten Symptomen überschritten wird, ist noch immer eine ungelöste Frage.

1.2 Wie erkennt man eine Depression?

Depressionen sind psychische Erkrankungen (wir sprechen heute neutraler von „Störungen"), bei denen die Beeinträchtigung der Stimmung, Niedergeschlagenheit, Verlust der Freude, emotionale Leere, Antriebslosigkeit, Interessenverlust und zahlreiche körperliche Beschwerden im Mittelpunkt stehen.

Um für sich selbst festzustellen, ob eine Depression vorliegen könnte, sollten Sie die folgenden Fragen zur Orientierung ehrlich beantworten. Als *erste Orientierung* sind die folgenden Fragen hilfreich:

1. Haben Sie die Freude an Dingen verloren, die Ihnen sonst Spaß machen?	☐ Ja	☐ Nein
2. Fühlen Sie sich meist niedergeschlagen, traurig oder hoffnungslos?	☐ Ja	☐ Nein
3. Fehlt Ihnen der Antrieb für alltägliche Aufgaben?	☐ Ja	☐ Nein
4. Grübeln Sie viel?	☐ Ja	☐ Nein

Wenn Sie von diesen vier Fragen *eine oder mehrere bejaht* haben und diese Beschwerden schon länger als zwei Wochen andauern, dann beantworten Sie bitte noch die folgenden drei Fragen:

5. Wachen Sie mitten in der Nacht oder auch früh morgens auf, fühlen sich schlecht und können nicht mehr einschlafen?	☐ Ja	☐ Nein
6. Haben Sie Konzentrationsprobleme, oder fällt es Ihnen neuerdings schwer, Entscheidungen zu treffen?	☐ Ja	☐ Nein
7. Haben Sie schon daran gedacht, dass es besser wäre, endlich tot zu sein?	☐ Ja	☐ Nein

Wenn Sie auch *eine oder mehrere* der letzten Fragen *bejahen*, dann gibt es bereits Hinweise („Verdachtsmomente"), dass eine Depression vorliegen könnte.

Noch ist mittels dieser Fragen allerdings keine Diagnose, also eine Entscheidung über das Vorliegen einer Depression oder die Entscheidung über eine Behandlung möglich. Dazu werden im nächsten Kapitel die Kriterien für eine Depression beschrieben.

Arbeitsblatt 1 (vgl. Anhang, Seite 72) bietet Ihnen zudem einen spezifischen Fragebogen zur Einschätzung der Schwere einer Depression, der über die hier aufgelisteten allgemeinen, orientierenden Fragen hinausgeht.

1.3 Das Krankheitsbild der Depression

Neben der umgangssprachlichen Verwendung des Begriffs „Depression" auf Verstimmtheitszustände im Bereich normalen Erlebens sprechen wir dann von einer „Depression" (genauer: *„Depressiven Episode"*) als ernsthafter psychischer Erkrankung, wenn die im Kasten aufgelisteten Kriterien erfüllt sind.

Merkmale einer „Depressiven Episode" (nach ICD-10)

A) Depressive Episode sollte mindestens **zwei Wochen** dauern.

B) Mindestens **zwei** der folgenden Symptome liegen vor:
- depressive Verstimmung (Schwermut) besteht über die meiste Zeit des Tages,
- Interessenverlust oder Freudlosigkeit,
- verminderter Antrieb oder gesteigerte Ermüdbarkeit.

C) Mindestens **zwei** oder mehr zusätzliche Symptome:
- Verlust des Selbstvertrauens oder des Selbstwertgefühls,
- Selbstvorwürfe, Schuldgefühle,
- Hoffnungslosigkeit,
- Gedanken an den Tod oder an Selbstmord,
- vermindertes Denk- oder Konzentrationsvermögen, Unentschlossenheit,
- psychomotorische Agitiertheit oder Hemmung,
- Schlafstörungen,
- Appetitverlust mit entsprechender Gewichtsveränderung,
- zahlreiche körperliche Beschwerden.

D) Einbuße der Leistungsfähigkeit und des sozialen Funktionsniveaus.

Dabei werden Depressionen heute durch eine Anzahl (mindestens vier) gleichzeitig vorhandener Beschwerden, die über eine gewisse Zeit (mindestens zwei Wochen) andauern müssen, diagnostiziert. Die Beschwerden dürfen nicht durch andere Erkrankungen oder Umstände (z. B. Trauerreaktion, Drogeneinfluss, Tumor) erklärbar sein. Oft sind die aufgelisteten Beschwerden am frühen Morgen oder in der Nacht schlimmer. Wir sprechen daher gerne auch vom „Morgentief“. Es gibt auch Schwankungen über die Jahreszeiten (Winterdepression).

Männer tun sich häufig schwer, ihre Gefühle und Beschwerden richtig wahrzunehmen. Oft wollen sie die Antriebslosigkeit und die Depression nicht zulassen, bagatellisieren oder geben unzureichend Auskunft. Klinisch sollte daher bei Männern schon früher, d. h. schon bei weniger als vier gleichzeitig auftretenden und sich über länger als eine Woche haltende Symptome, eine Depression in Betracht gezogen werden.

Keines der im Kasten aufgeführten Symptome muss bei einer Depression vorkommen. Jede depressive Episode kann durch andere Beschwerden gekennzeichnet sein. Es sind die unterschiedlichsten Muster an Symptomen möglich. Alle Beschwerden können auch bei anderen seelischen und körperlichen Erkrankungen vorkommen. Die Beschwerden kommen außerdem in unterschiedlicher Ausprägung, Dauer und Schwere vor. Das Erkennen einer depressiven Erkrankung erfordert also immer eine sorgfältige und ausführliche psychologische und ärztliche Diagnostik.

Phasen der Schwermut gelten als „leicht“, wenn vier bis fünf, als „mittelschwer“, wenn sechs bis sieben und als „schwer“, wenn acht und mehr der oben im Kasten aufgelisteten depressiven Symptome gleichzeitig vorliegen.

Im Alter zeigt sich eine Schwermut oft als leichte oder gar unterschwellige Erkrankung. Es gilt als gesichert, dass bei älteren Menschen die Anzahl gleichzeitig vorhandener Beschwerden oft unter der Schwelle von vier Symptomen liegt. Auch wird das Zeitkriterium von zwei oder mehr Wochen Dauer (der Symptome) oft nicht erreicht. Im Alter ist ein viel häufigerer Wechsel (wir sprechen von „Fluktuation“) der Beschwerden üblich.

Gleichzeitig wissen wir jedoch, dass diese unterschwelligen Depressionen nicht weniger einschränkend, Leistung mindernd und gefährlich sind. Jede unterschwellige Depression birgt außerdem das Risiko, sich zu einem Vollbild einer depressiven Episode oder einer chronisch verlaufenden Schwermut zu entwickeln.

Gerne übersehen werden lang anhaltende („chronische"), doch weniger stark ausgeprägte Depressionen, so genannte *„Dysthymien"* (siehe folgender Kasten). Diese beginnen oft schon früh im Leben und dauern über Jahre, nicht selten lebenslang an. Ihre Symptomatik ist weniger prägnant ausgeprägt. Es dominieren die Erschöpfung, die Müdigkeit, alles wird als Anstrengung erlebt. Diese Patienten fühlen sich unzulänglich und schlafen schlecht.

Merkmale einer „Dysthymie"

A) Depressive Verstimmung sollte die meiste Zeit des Tages und an mehr als der Hälfte aller Tage über mindestens **ein Jahr (oder länger)** andauern.

B) Während der depressiven Verstimmung sollten mindestens **zwei** der folgenden Symptome bestehen:
- Energiemangel oder Erschöpfung,
- Freudlosigkeit,
- Appetitlosigkeit oder übermäßiges Bedürfnis zu essen,
- Schlaflosigkeit oder übermäßiges Schlafbedürfnis,
- geringes Selbstwertgefühl,
- Konzentrationsstörungen oder Entscheidungsschwierigkeiten,
- Hoffnungslosigkeit.

Die meiste Zeit herrschen diese lähmenden Beschwerden vor, nur selten und nicht länger als wenige Tage oder Wochen klingen sie ab und die Betroffenen fühlen sich vorübergehend besser.

Manisch-depressive (bipolare) Erkrankungen

Eine besondere Erkrankung stellt die „manisch-depressive" oder auch „bipolare" Störung dar. Hier kommen neben den depressiven Episoden auch manische Episoden (siehe Kasten) vor. Die depressiven Phasen entsprechen den bereits zuvor genannten Merkmalen einer Depressiven Episode. Alleine an diesen depressiven Merkmalen kann man eine unipolare nicht von einer bipolaren Erkrankung unterscheiden. Wesentlich bei einer bipolaren Erkrankung ist das Auftreten von manischen Symptomen, wobei es den Betroffenen dann meist „gut" geht, sie voller Energie und Kraft und bester Stimmung sind, ihr Selbstwertgefühl übersteigert ist, sie kaum Schlaf brauchen, alles anpacken, betriebsam sind, ständig reden und sich von allem angesprochen bzw. herausgefordert fühlen. Es kann auch zu aggressiven und gereizten Zuständen kommen. In diesem Zustand sind die Betroffenen eine Last für die Angehörigen. Die Betroffenen zeigen keine Einsicht, denn sie fühlen sich ja bestens. Die Angehörigen werden u. U. als bremsend und behindernd erlebt, was dann zu gereizter, ja aggressiver Stimmung und Interaktion führen kann. Wenn die Symptomatik in eine depressive Phase kippt, wird der Unterschied zwischen dem Energie geladenen, manischen Zustand und dem antriebs- und freudlosen, depressiven Zustand oft sehr viel drastischer erlebt als die depressive Symptomatik bei unipolaren Erkrankungen.

Merkmale einer „Manischen Episode“

A) Manische Episode sollte mindestens **eine Woche** dauern.

B) Abnorme, anhaltend gehobene, expansive oder reizbare Stimmung besteht über die meiste Zeit des Tages.

C) Mindestens **drei** oder mehr zusätzliche Symptome (in deutlichem Ausmaß):
- übersteigertes Selbstwertgefühl, Größenideen,
- vermindertes Schlafbedürfnis (3 Stunden Schlaf reichen aus),
- vermehrte Gesprächigkeit, Rededrang,
- Ideenflucht, Gedankenrasen,
- erhöhte Ablenkbarkeit, Beschäftigung mit irrelevanten Reizen,
- gesteigerte Betriebsamkeit, psychomotorische Unruhe,
- übermäßige Beschäftigung mit angenehmen Aktivitäten, die unangenehme Folgen haben.

D) Einbuße der Leistungsfähigkeit und des sozialen Funktionsniveaus.

1.4 Der Verlauf von Depressionen

Es ist typisch, dass Depressionen wiederkehrende Störungen sind. Wer einmal eine – wenn auch leichte – Depression durchlebt hat, trägt das Risiko in sich, bei Belastungen erneut schwermütig zu werden. Es besteht also ein hohes Rückfallrisiko für eine Depression!

Viele Depressionen verlaufen unerkannt und unbehandelt. Man schätzt, dass über die Hälfte der depressiven Störungen nicht erkannt werden und selbst von den erkannten Depressionen wieder fast die Hälfte nicht oder nicht angemessen behandelt wird. Die meisten Depressionen bessern sich allmählich wieder. Vor allem in jungen Jahren sind die Episoden begrenzt und die Genesung tritt oft auch ohne Behandlung nach einigen Wochen (meist drei bis sechs Monate) ein. Mit fortschreitendem Alter verlängern sich die Episoden und die Besserung bzw. Genesung verzögert sich. Es besteht sogar eine Tendenz zur Chronifizierung.

In einer schwermütigen Phase kann es zu starken Beschwerden kommen. In dieser Phase gelingt es dem Betroffenen nicht mehr, sich z. B. von den Schuldgefühlen, den Verarmungsideen oder gar der Überzeugung, gesündigt zu haben, zu befreien. Die Symptome können dann richtiggehend wahnhaft oder psychotisch sein. In einem derartigen schweren Erkrankungszustand gelingt es nicht mehr, zu dem Betroffenen durchzudringen und durch Zuwendung, Gespräche oder Erfahrungen korrigierend zu wirken.

Bei älteren Menschen kann es leichter als bei jüngeren zu diesen wahnhaften Symptomen kommen. Dies ist z. T. durch eine Medikamentenunverträglichkeit bedingt (z. B. bei Einnahme mehrerer Präparate) oder wird durch Herz-Kreislauf-Störungen bzw. durch Störungen von Sinnesorganen (z. B. Schwerhörigkeit) verursacht. So macht Schwerhörigkeit leicht misstrauisch, sie verunsichert, und anderen Personen wird dann leicht unterstellt, sie würden etwas hinter dem Rücken der Betroffenen planen usw.

1.5 Depression und körperliche Erkrankungen

Die Erfahrung von Traurigkeit, Ängsten, Selbstzweifeln, Resignation, Verstimmung, Appetitlosigkeit, Schlaflosigkeit oder Erschöpfung ist nicht gleichbedeutend mit dem Vorliegen einer Depression. Jede dieser Beschwerden kann durch eine körperliche (z. B. durch einen Tumor, einen Herzinfarkt, eine Immunerkrankung oder eine Infektion) oder eine andere seelische Erkrankung hervorgerufen werden.

Gleichzeitig gibt es viele Hinweise und Belege, dass mit körperlichen Erkrankungen, mit Angststörungen, mit Alkoholmissbrauch bzw. Alkoholabhängigkeit, mit hormonellen (z. B. Wechseljahre, Diabetes) bzw. immunologischen Erkrankungen (z. B. Krebs, Allergien), mit geistigem Abbau

(z. B. Demenz) oder ganz besonders mit Herz-Kreislauf-Erkrankungen (z. B. Schlaganfall, Herzinfarkt) Depressionen einhergehen.

Die Frage, was zuerst da war, ist meist nicht eindeutig zu entscheiden. Klar ist, dass Depressionen die Folge und die Ursache für körperliche Erkrankungen sein können. Eine Behandlung der Depression ist in jedem Fall sinnvoll und nötig.

Das Risiko depressiver Menschen für folgende Erkrankungen ist deutlich erhöht: Herzerkrankungen, Arteriosklerose, Schlaganfall, Asthma bronchiale, Heuschnupfen (Allergien), Magen- bzw. Zwölffingerdarmgeschwür, Diabetes mellitus, verschiedene Infektionserkrankungen. Eine Schwächung des Immunsystems wurde bei Trauernden nachgewiesen und könnte den Zusammenhang zwischen depressiven und körperlichen Erkrankungen erklären.

Aus mehreren Untersuchungen ist bekannt, dass z. B. *Herz-Kreislauf-Erkrankungen* Depressionen verursachen. Die Depressionen vermindern den Behandlungserfolg und tragen zu einer Verschlimmerung oder gar einem erneuten Infarkt bei. Depressionen verkürzen somit das Leben! Der depressive Ältere vernachlässigt sich, nimmt Medikamente unregelmäßig oder gar nicht, ernährt sich nicht richtig, bewegt sich zu wenig usw., was z. B. auf das Herz-Kreislaufsystem und den Stoffwechsel zurück wirkt und tödlich ausgehen kann. Die Rate der bei Nachuntersuchungen verstorbenen Patienten ist bei über 65 Jahre alten schwermütigen Personen mit 15 % gegenüber den jüngeren Patienten deutlich erhöht. Ältere Menschen mit Depressionen haben über einen Zeitraum von vier Jahren ein doppelt so hohes Risiko zu sterben wie vergleichbar gesunde bzw. kranke Menschen ohne Depressionen. Dieses Risiko ist für ältere Männer mit Depressionen nochmals höher als für Frauen mit Depressionen!

Für das richtige Erkennen einer Depression ist zunächst zu klären, ob die Schwermut durch eine *körperliche Erkrankung* (wie z. B. hirnorganischer Abbauprozess, Schilddrüsenunterfunktion, Tumore usw.) verursacht bzw. mit verursacht wird. Dies bedarf in jedem Fall einer gründlichen ärztlichen, psychologischen und labormedizinischen Abklärung. Weiterhin ist die direkte Einwirkung von Medikamenten, Drogen und Alkohol zu klären, die ein depressives Bild zur Folge haben können. Insbesondere mit fortschreitendem Alter bekommen selbst notwendige und richtig verordnete Medikamente (wie z. B. blutdrucksenkende Mittel, Hormonpräparate usw.) eine wichtige Bedeutung, denn diese Medikamente können als Nebenwirkung Schwermut hervorrufen.

Besonders die Abgrenzung von *hirnorganischem Abbau*, einer beginnenden (degenerativen) Demenz und einer Depression ist wichtig, doch nicht ganz einfach. Viele depressive ältere Menschen erleben ja Einschränkungen ihrer Konzentration, ihrer Aufmerksamkeit und ihrer Merkfähigkeit. Oft wird vorschnell aus den Konzentrations- und Gedächtnisproblemen auf das Vorliegen eines hirnorganischen Abbaus geschlossen, ohne zu bedenken, dass es die Schwermut ist, die diese Beeinträchtigungen hervorruft. Für depressive Störungen im Alter sprechen: Anzahl depressiver Episoden in der Vorgeschichte, unauffällige neurologische Symptomatik, ständige schwermütig-depressive bzw. ängstlich-hilflose Stimmung, klagsame Haltung und Herausstellung der Vergesslichkeit, weitgehend normale Aufmerksamkeitsspanne, erhaltene Auffassungsgabe und (zeitliche, räumliche) Orientierung, frühmorgendliches Erwachen mit pessimistisch-grüblerischem Denken, Tagesschwankungen, Antriebsminderung, Appetitstörung, Selbstmordgedanken.

1.6 Trauer

Stehen depressive Symptome in engem Zusammenhang mit dem Tod einer nahe stehenden, geliebten Person, dann gilt dies als normale Trauer und nicht als eine Krankheit. Nach dem Verlust einer wichtigen und geliebten Person traurig und schwermütig zu sein, gilt für einige Monate als normal. Erst wenn die Trauerreaktion über viele Monate (ab sechs Monate) hinweg unverändert anhält, gilt dies als ungewöhnlich und als Hinweis auf eine mögliche Depression.

Doch auch in einer Trauerphase wird – wie wir aus vielen Untersuchungen sicher wissen – der Körper, insbesondere das Immunsystem und das Herz-Kreislauf-System, in Mitleidenschaft gezogen. Ernsthafte Erkrankungen können auftreten. Der Verlust eines Partners zieht meist weitere Belastungen, z. B. finanzielle Einschränkungen, Nachlassregelungen, Erbschaftsauseinandersetzungen, Umzug nach sich, was zu Überforderung, zu Erschöpfung und zu einer Vertiefung der Verzweiflung und Hoffnungslosigkeit beitragen kann. Daher ist auch während einer Trauerphase die Entwicklung einer ernsthaften Depression möglich.

1.7 Wie verbreitet sind Depressionen?

Depressionen sind weit verbreitete psychische Störungen, die zudem in den letzten Jahrzehnten häufiger wurden. Ohne eine gute Erklärung dafür zu haben, sind vor allem die jüngeren Altersgruppen (20- bis 30-Jährige) davon betroffen. Untersuchungen in Industrienationen zeigen, dass etwa sieben bis zehn Prozent (also etwa 25 Millionen) der Europäer gegenwärtig an einer Depression leiden.

Berühmte Menschen, die an Depressionen litten, haben trotz ihrer Erkrankung unser Leben, die Kunst und die Geschichte bereichert: Abraham Lincoln, Ludwig van Beethoven, Robert Schumann, Leo Tolstoi, Isaac Newton, Hermann Hesse, Paul Gauguin, Federic Chopin, Gustav Mahler, Martin Luther, Marylin Monroe, Prinz Claus von Holland, Winston Churchill u. v. a.

Die Wahrscheinlichkeit, im Laufe des Lebens an einer Depression (Dysthymie und depressive Episode) zu erkranken, liegt bei 12 Prozent für Männer und bei 26 Prozent für Frauen. Das heißt, dass etwa jede vierte Frau und etwa jeder sechste Mann irgendwann im Leben schwermütig sein werden.

Manisch-depressive Erkrankungen sind seltener und liegen bei ein bis zwei Prozent in der Gesamtbevölkerung. Etwa 4 Millionen Europäer leiden an dieser bipolaren Störung.

Während man lange davon ausging, dass Depressionen im höheren Lebensalter häufiger als bei Jüngeren anzutreffen sind, weisen neue Ergebnisse darauf *nicht* hin. Depressionen kommen bei älteren und jüngeren Altersgruppen in etwa gleich häufig vor. Das Risiko für das erstmalige Auftreten einer ernsthaften Depression ist im Alter sogar geringer als bei jüngeren Altersgruppen. Seit einigen Jahren beobachten wir, dass Depressionen immer früher beginnen und heute schon Jugendliche und junge Erwachsene betreffen.

Eine Erhebung an 20.000 Patienten, die zu einem bestimmten Tag eine Hausarztpraxis aufsuchten, ergab, dass zwischen acht Prozent (Männer) und 14 Prozent (Frauen) an einer ausgeprägten Depression litten. Nimmt man leichte Depressionen und depressive Beschwerden hinzu, dann erreichen die Zahlen 28 Prozent, wie in einer Erhebung im Rahmen des Kompetenznetzes Depression (eine Forschungsinitiative der Bundesregierung) festgestellt wurde.

Insgesamt sind Depressionen (in allen Abstufungen) mit 25 bis 30 Prozent eindeutig die häufigsten seelischen Störungen. Alarmierend ist, dass diese Zahlen noch zunehmen. Eine Schätzung der Weltgesundheitsorganisation geht dahin, dass bis 2020 Depressionen neben den Herz-Kreislauf-Erkrankungen das meiste Leiden sowie die größten krankheitsbedingten Ausfälle und Behinderungen verursachen werden.

1.8 Selbsttötungsversuche: Eine ernste Gefahr

Bezogen auf 100.000 Menschen in der Gesamtbevölkerung liegt die Selbsttötungsrate bei etwa 15 Fällen. Die Gefahr einer Selbsttötungshandlung im Rahmen einer Depression wird auf über 20 Prozent geschätzt. Vor allem junge (18 bis 25 Jahre) und alte (über 70 Jahre) Altersgruppen sind davon betroffen.

Selbsttötungsversuche und -handlungen sind ein Tabuthema. Selbst in der ärztlichen und psychotherapeutischen Praxis wird darüber kaum gesprochen. Oft werden Handlungen mit suizidaler Absicht bagatellisiert („nicht ernst gemeint") oder umbewertet („war nicht beabsichtigt, wollte nur meine Ruhe haben"). Das Thema ist unter Partnern und in Familien stark emotional besetzt und daher wird auch dort vermieden, darüber zu sprechen, das Risiko zu erkennen, Maßnahmen zu ergreifen und Hilfe anzunehmen.

Die Schwere (Menge an Symptomen) und die Dauer (chronische, sich nicht bessernde Formen) der Depression erlauben die zuverlässigste Vorhersage von Selbstmordhandlungen. Besonders typische Risikofaktoren sind außerdem aktuelle Verlusterlebnisse, chronische körperliche Erkrankungen und soziale Isolation. Wenn diese Ereignisse zu einem Zustand der Hoffnungslosigkeit führen, dann ist die Gefahr einer selbstzerstörerischen Handlung am größten (siehe Kasten).

Hoffnungslosigkeit ist die entscheidende seelische Lage bei Depressionen und vor allem bei Selbsttötungsabsichten. Menschen, die für sich und ihre Lage keine Hoffnung mehr auf Ablenkung, Veränderung, Besserung sowie auf Hilfe haben, geben auf und wollen das Leben beenden.

Die Fragen in Arbeitsblatt 2 (vgl. Anhang, Seite 73) helfen Ihnen dabei, Ihre Stärke der „Hoffnungslosigkeit" selbst zu beurteilen.

Ausgewählte Risikofaktoren für Suizidalität:

- frühere Selbsttötungsversuche,
- männliches Geschlecht,
- jüngeres und höheres Lebensalter,
- Niedergeschlagenheit, Freudlosigkeit,
- Hilf- und Hoffnungslosigkeit,
- chronische Erkrankungen,
- anhaltende Schlaflosigkeit, Schlafstörungen,
- Verluste, Einsamkeit, geringe soziale Einbindung,
- Missbrauch von Alkohol (oder anderen Drogen),
- Angst, Panik, Nervosität, Impulsivität,
- Misserfolge, Enttäuschungen.

2 Wie entstehen Depressionen und warum gehen sie nicht von alleine weg?

Bisher haben Sie viel über normale Stimmungsschwankungen, Depression, verschiedene Formen derartiger Erkrankungen und das Erkennen von Depression erfahren. Sie haben Möglichkeiten der Selbstbeurteilung und der Diagnostik kennen gelernt. Mit Recht fragen Patienten und deren Angehörige immer wieder, wie kommt es zu dieser Schwermut? Was sind die Ursachen einer Depression? Das Schwierige für Betroffene und deren Angehörige ist, akzeptieren zu müssen, dass es darauf bis heute keine völlig befriedigende Antwort gibt. Bezogen auf den Einzelnen gelingt es meistens die Entwicklungsfaktoren und Gründe für eine Depression zu erkennen, doch bei anderen Patienten ist es nicht so leicht möglich und der Patient und wir alle müssen damit leben, dass Fragen nach dem „warum" unbeantwortet bleiben. Alle einfachen oder gar für alle zutreffenden Antworten können daher nur falsch sein. Behauptungen, die gelegentlich in den Medien auftauchen, nämlich dass die Ursache von Depression gefunden sei, sind falsch. Im Folgenden wird auf einige Zusammenhänge, Ursachen und Risikofaktoren eingegangen, die in Verbindung mit Depressionen wichtig sind und Grundlage für die Behandlung darstellen.

2.1 Risikofaktoren für Depression

Mit Risikofaktoren sind Erfahrungen und Bedingungen gemeint, die Depressionen wahrscheinlicher machen. So wie die Tatsache den Autoführerschein zu besitzen, die Wahrscheinlichkeit erhöht, dass diese Person irgendwann tatsächlich ein Auto fährt, sprechen wir von Risikofaktoren für Schwermut, wenn damit die Wahrscheinlichkeit, eine Depression zu erleiden, erhöht wird. Wenn nun die einzelnen Risikofaktoren vorgestellt werden, dann gilt es zu bedenken, dass einzelne Risikofaktoren nicht zwangsläufig und mit Sicherheit zu einer Depression führen. Sie erlauben keine eindeutige Vorhersage! Doch wissen wir, je mehr Risikofaktoren vorliegen, desto sicherer wird die Vorhersagekraft (Wahrscheinlichkeit). Es gilt zu bedenken, dass Risikofaktoren durch andere Bedingungen abgepuffert und aufgefangen werden können. Wie bei vielen Dingen im Leben kann eine

Sache eine andere, ungünstige Entwicklung ausgleichen. Eine Brille gleicht z. B. die Kurzsichtigkeit aus und erlaubt so fast alle Dinge zu tun, die auch einem Normalsichtigen offen stehen. Dies gilt auch für die Entwicklung bzw. die Verhinderung von Depressionen.

Frühere Depressionen. Das Risiko für eine depressive Entwicklung ist erhöht, wenn bereits früher ängstliche und depressive Symptome oder gar heftige Ängste bzw. depressive Episoden aufgetreten sind. Dabei müssen die früheren Erfahrungen nicht heftig und lang andauernd gewesen sein oder zu einer Behandlung geführt haben. Jede schwermütige Phase erhöht das Risiko, bei Belastungen und Krisen erneut mit depressiven Symptomen zu reagieren.

Depressionen in der Familie (bei Eltern, Geschwistern, Großeltern). Die Neigung zur Schwermut kommt in Familien gehäuft vor. Ist bekannt, dass in einer Familie die nahen Verwandten an einer Depression oder an einer manisch-depressiven Erkrankung litten, dann erhöht sich das Risiko für Depressionen. Die Schwermut kann dann ohne klaren oder heftigen Anlass plötzlich auftreten. Die Depressionen treten dann sogar oft schon in jüngeren Jahren auf. Im Laufe des Lebens kann es zu wiederholten Phasen der Schwermut kommen.

Neigung zu Krankheiten. Personen, die in jüngeren Jahren häufig krank waren oder leicht krank wurden, haben ein erhöhtes Risiko für Depressionen. Damit sind vor allem Infektionskrankheiten, andere psychische Krankheiten (wie z. B. soziale Ängste, Panik, Zwanghaftigkeit), Stressanfälligkeit, Krcislaufprobleme, psychosomatische Erkrankungen, aber auch Gesundheitsängstlichkeit gemeint.

Aktuelle Gebrechen und chronische Krankheiten. Menschen mit körperlichen Gebrechen (z. B. Diabetes, Herz-Kreislauf-Erkrankungen, Allergien, Tumore) oder/und chronischen Behinderungen körperlicher Funktionen (z. B. Sehschwäche, Beweglichkeit, Muskelschwäche) neigen eher zu Depressionen. Je mehr Gebrechen vorliegen und je stärker diese Gebrechen sind, desto mehr führen sie zu Hilflosigkeit, Resignation und Depression.

Medikamenteneinnahme und Einfluss von Präparaten. Bestimmte Medikamente und verordnete Präparate erhöhen das Risiko einer Schwermut. Zu diesen Mitteln gehören blutdrucksenkende Mittel, Hormonpräparate (z. B. die Schilddrüse betreffend), Kortikosteroide, Antiparkinsonmittel, Zytostatika, Beruhigungsmittel usw. Dabei gibt es in der Regel gute Gründe für die Verordnung der Medikamente. Oft werden Patienten nicht über dieses Risiko – man kann auch sagen die unerwünschte Nebenwirkung – einer Depression aufgeklärt. Im höheren Alter kommt hinzu, dass oft mehrere, verschiedene Medikamente genommen werden müssen, die sich wechselseitig beeinflussen oder auf die ein alternder Körper ganz anders reagiert als ein jüngerer Körper.

Verlusterfahrungen. Verluste von nahe stehenden, wichtigen, geliebten und vertrauten Personen (z. B. Ehepartner, Eltern, Freunde, Nachbarn, Gleichaltrige), doch auch von sozialen Rollen (z. B. Berufstätigkeit, Mutter der Kinder), von Aufgaben (z. B. für Haushalt alleine verantwortlich sein, Vorarbeiter) und Funktionen (z. B. Vereinsvorsitzender, Abteilungsleitung) begünstigen Schwermut und depressive Entwicklungen. Andere Personen, bestimmte Funktionen und Aufgaben geben uns Anerkennung, Struktur, Genuss, Vergnügen, Rückmeldung und Lob. Das alles erhöht den Selbstwert. Fallen diese Aufgaben oder die wichtigen Personen weg, dann wird eine Lücke gerissen, die schwer oder nur langsam auszugleichen ist. Oft gibt es keinen Ersatz für den Verlust.

Defizite und Lücken im Verhalten. Um mit Anforderungen und Belastungen fertig zu werden, bedarf es Stärken und Kompetenzen. Kompetenzen sind Fertigkeiten, die sich im Verhalten, beim Problemlösen, in der Bewältigung, im Handeln und im Denken zeigen. Im Laufe des Lebens erwerben wir alle mehr oder weniger derartige Fertigkeiten. Das können berufliche oder soziale, spirituelle und intellektuelle, sportliche und zwischenmenschliche Fertigkeiten sein. Werden wir mit Anforderungen und Belastungen konfrontiert, für die wir keine Bewältigungsfertigkeiten besitzen, dann erleben wir Hilflosigkeit. Gelingt es nicht mit einer Anforderung umzugehen oder eine Belastung zu bewältigen, dann entwickelt sich die erlebte Hilflosigkeit zu Resignation und Schwermut.

Wenige Interessen und Mangel an Zielen. Eine Person, die ihr Leben z. B. nur auf Arbeit oder nur auf Familie ausgerichtet hat, wird mit dem Verlust der Arbeit (z. B. durch Pensionierung) oder mit dem Verlust eines Familienmitglieds (z. B. durch Auszug oder durch Tod) viel schwerer fertig, als eine Person, die verschiedene Interessen hat und neue, persönliche Ziele entwickelt. Personen mit wenigen Interessen und eingeschränkten Zielen sind für Enttäuschung, Resignation und Schwermut sehr anfällig.

Gleichförmigkeit des Alltags, des Wochen- und Jahresablaufs. Gestaltet sich der Tages- und Wochenablauf in immer gleicher Weise, dann entsteht schnell das was man „Abnutzung“ nennen kann. Selbst lieb gewonnene Handlungen und Ereignisse verlieren ihre Wirkung, wenn nichts Neues passiert. Das Erstarren in Routine und festen Abläufen führt zu Sättigung, Langeweile, Resignation und Antriebslosigkeit.

Mangel an Beschäftigung und angenehm erlebten Aktivitäten. Menschen, die neben ihrer Arbeit keine anderen, vor allem angenehme Aktivitäten haben, werden von dem Verlust der Arbeit (z. B. durch Auszug der Kinder, durch Pensionierung) heftig getroffen. Dies gilt z. B. auch für Personen, die ihre ganze Freude aus der Gartenarbeit ziehen. Treten körperliche Gebrechen auf (z. B. Probleme mit den Knien), die Gartenarbeit nicht mehr erlauben, dann bricht eine ganze Welt zusammen. Es lassen sich viele ähnliche Beispiele finden. Etwa die Hausfrau und Mutter, die immer nur für die Familie, die Kinder und den Ehemann da war. Verstirbt der Ehepartner und die Kinder leben weit entfernt, dann ist die Welt plötzlich sehr leer. Menschen mit wenigen, einseitigen Beschäftigungen und dem Fehlen von alternativen, angenehmen Aktivitäten sind viel anfälliger für Depressionen als Personen, die auf breit gestreute Aufgaben, viele angenehme Aktivitäten und Genuss bringende bzw. ablenkende Tätigkeiten zurückgreifen können.

Starre Einstellungen und wenig flexible Überzeugungen. Menschen mit festen, wenig flexiblen, starren Vorstellungen, hohen Ansprüchen und Perfektionismus, ausgeprägter Misserfolgsorientierung und pessimistischen Haltungen gelingt die Anpassung an sich verändernde Gegebenheiten und unveränderbare Entwicklungen im Leben sehr schwer. Die Haltung, dass bestimmte Dinge immer so gemacht wurden und nun weiter so sein müssen, begünstigt Depression.

2.2 Stress und Depression

In Erwartung einer (vermeintlich) schlechten Nachricht oder auch bei Veränderungen pocht das Herz, die Muskeln sind angespannt, der Blutdruck steigt, und der kalte Schweiß steht uns auf der Stirn. Eine typische akute Stressreaktion, die nicht lange andauert. Das körperliche Gleichgewicht ist bald wieder hergestellt. Es bleiben keine nachhaltigen Folgen für die Gesundheit, und die Körperfunktionen pendeln sich wieder in den Normalzustand ein.

Wenn Stressoren mit wechselnder Intensität und über eine lange Zeit auf den Menschen einwirken, können Stress-Symptome auftreten und es kommt zu Dauerstress. Anders als beim akuten Stress kann der Körper unter Dauerstress das in Unordnung geratene körperliche und seelische Gleichgewicht nicht wieder (von allein) herstellen. Dauerstress bewirkt dann erhebliche Stoffwechselverschiebungen, besonders eine vermehrte Ausschüttung des Stresshormons Kortisol und Störungen der Funktionen des autonomen Nervensystems. Diese Veränderungen führen zu körperlichen Krankheiten und sind Mitauslöser von Depressionen (vgl. Abbildung 1).

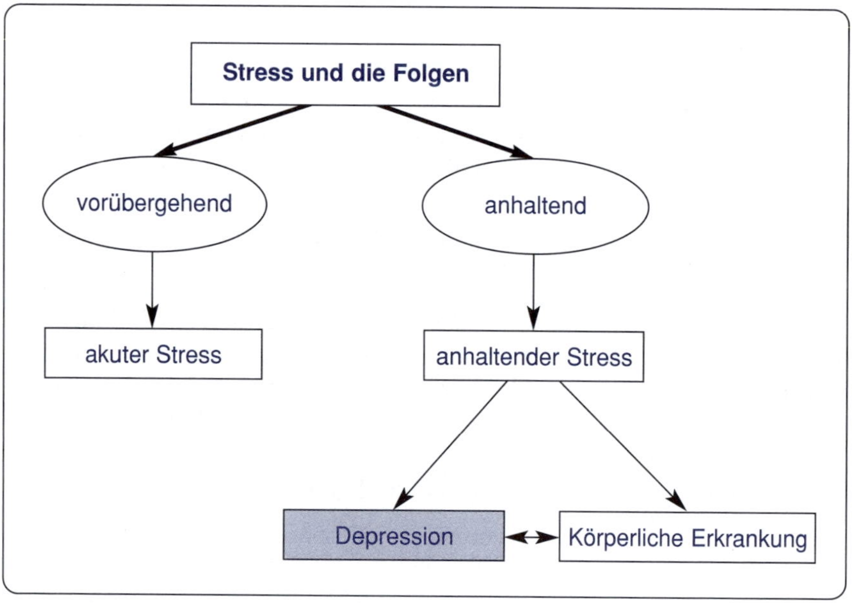

Abbildung 1: Der Zusammenhang von Stress und Depressionen

Depressionen lösen weitere Stoffwechselschritte aus, das Risiko für körperliche Erkrankungen nimmt weiter zu: Herzerkrankungen, Diabetes und Osteoporose sind mit Depressionen eng verbunden. Wer nach einer schweren Krankheit noch zusätzlich depressiv wird, stirbt nachweislich früher an einer körperlichen Erkrankung. Es gibt kein Organ des menschlichen Körpers, das durch eine Depression nicht in Mitleidenschaft gezogen werden könnte. Manchmal können bei depressiven Patienten diese körperlichen Symptome ganz im Vordergrund stehen, noch vor der Traurigkeit oder der Antriebslosigkeit. Früher hat man das gerne als „larvierte" (versteckte) Depression bezeichnet.

Stress und Depression stehen in einem engen Zusammenhang. Dadurch wird klar, warum beide das Risiko für körperliche Erkrankungen erhöhen können. Auch Dauerstress allein führt sehr häufig, ohne den Umweg über die Depression, zu körperlichen Krankheiten (z. B. Magen-Darm-Beschwerden, Hautprobleme). Heute kennt man die Auswirkungen der Depression auf viele Körperfunktionen: Herz-Kreislauferkrankungen mit Arteriosklerose und Bluthochdruck, Asthma bronchiale, Übergewicht, Diabetes Typ 2 (Altersdiabetes), Osteoporose, Nacken- und Rückenschmerzen, Kopfschmerzen, auch Schmerzen in anderen Körperbereichen, Tinnitus, Schwindelgefühl und Migräne.

Bei Stress reagieren vor allem zwei körperliche Systeme: Zum einen das Vegetative Nervensystem mit dem Sympathikus und Parasympathikus, der Aktivierung des Nebennierenmarks und der Ausschüttung von Noradrenalin, zum anderen die so genannte Stresshormon-Achse vom Gehirn ausgehend über die Ausschüttung von Botenstoffen in der Hirnanhangdrüse (Hypophyse) hin zur Nebennierenrinde, wo Kortisol (das typische Stresshormon) ausgeschüttet wird.

Besonders bedrohlich werden Stressoren dann, wenn wichtige Lebensbereiche berührt werden. So kann die unerwartete Entlassung eines älteren Arbeitnehmers, für den es auf dem Arbeitsmarkt keine Optionen gibt oder der Verlust des Partners verheerende Folgen für die Gesundheit haben. Es kommt zu Dauerstress und Depression. Dabei können sich mehrere Stressoren, wenn sie kurz hintereinander eintreten, ohne Erholungsphase dazwischen, wechselseitig aufschaukeln.

Forscher haben Lebensereignisse nach ihren Auswirkungen auf Körper und Seele untersucht und daraus einen Belastungswert errechnet. Je höher der Belastungswert, desto massiver die Gefahr für Depression und Krankheit (siehe Kasten).

Eine Auswahl von Lebensereignissen mit ihren Belastungswerten (0 bis 100):	
Tod des Lebenspartners	100
Trennung vom Partner	75
Tod eines Familienmitgliedes	65
Pflegebedürftigkeit	60
Eigene schwere Erkrankung	55
Umzug, Wohnungswechsel	50
Verlust der Arbeitsstelle	50
Pensionierung	45
Kinder verlassen das Haus	30

Hinter den Lebensereignissen lauert die Depression. Das sehen wir häufig bei alten Männern nach dem Tod ihrer Ehefrau. Ein Leben lang hat das Ehepaar in enger Symbiose und in mehr oder weniger schöner Harmonie zusammengelebt. Während Frauen mit dem Alleinsein nach einiger Zeit meist gut zurechtkommen, finden die Männer oft keinen neuen Lebensrhythmus. Je enger die Bindung der Partner früher war, um so tiefer die Trauer. Die Einsamkeit führt zum Dauerstress und schon sehr schnell zu einer Depression. Es gibt nicht wenige Männer, die trotz menschlicher und ärztlicher Hilfe das Trauerjahr nicht überleben.

In mehreren Untersuchungen konnte gezeigt werden, dass die Anzahl der natürlichen Killerzellen, ein wichtiger Teil unserer immunologischen Abwehr, unter einer Depression absinkt und bei Besserung wieder ansteigt. So wie große Teile des Stoffwechsels durch die fehlregulierte Stresshormon-Achse bei der Depression aktiviert werden, wird auf der anderen Seite das Immunsystem gebremst. Auf einem angrenzenden Gebiet finden wir Ähnliches: Krebskranke zum Beispiel leiden verständlicherweise sehr häufig an Depressionen. Um die Bewältigung dieser Erkrankung, die körperliche Abwehr (Immunsystem) und die Lebensqualität trotz der schwierigen Lage zu verbessern, ist es gerade bei diesen Patienten wichtig, die Depression zu behandeln.

2.3 Mangel an positiven Erfahrungen (Verstärkerverlust)

Schwermut bzw. Depressionen können entstehen, wenn Menschen wenig Positives, wenig Angenehmes, also wenig Verstärkung erleben. Oder, wenn sehr viel Negatives und Belastendes geschieht und damit das Positive im Leben „erdrückt" wird.

Die Rate an positiver Verstärkung wird von vier Größen bestimmt:
1. Menge und Art positiver, angenehmer, verstärkender Ereignisse.
2. Menge und Art negativer, belastender Ereignisse.
3. Verfügbarkeit und Zugang zu Positivem.
4. Fertigkeiten, Handlungsmöglichkeiten und Bewältigungsgeschick.

Menge an positiven Erfahrungen. Stellen Sie sich eine Person vor, die nur drei angenehme Dinge hat, also z. B. Illustrierte lesen, Spaziergänge machen und Bier trinken. Stellt sich nun, was normal ist, mit fortschreitendem Alter ein Magen- bzw. Leberleiden ein und das Augenlicht wird schlechter, sind zwei der drei Verstärker nicht mehr oder seltener verfügbar. Es bleibt nur noch eine angenehme Aktivität übrig, die jedoch auch bedroht ist, sollte die Kraft in den Beinen für die langen Spaziergänge nachlassen. Eine Person mit wenigen, in diesem Beispiel drei Verstärkern, wird durch den Verlust von einem dieser Verstärker viel stärker getroffen, als eine Person, die neben diesen drei angenehmen Dingen noch andere positive Aktivitäten hat und nutzt. Die Menge an positiven Aktivitäten kann jeder selbst bestimmen und (fast) beliebig ausweiten. Je mehr verstärkende Tätigkeiten Sie entwickeln oder bereits ausüben, desto besser!

Menge an negativen Erfahrungen. Wir haben schon zuvor gesehen, wie Negatives (Stress) uns krank und depressiv machen kann. Hier soll es nun um die negativen Alltagsdinge, die Pflichten und unausweichlichen Belastungen gehen. Wir wissen bereits, dass Personen, die häufig oder ständig Belastendes erleben, davon in ihrem Befinden beeinträchtigt werden. Es ist immer wieder zu beobachten, dass viele Menschen mit ihrem Alltag ungeschickt, ja nachlässig umgehen. Sie halten an ungeliebten Pflichten (z. B. Hof kehren, Tochter besuchen) fest, obgleich ihnen dies nicht gut tut. Sie packen ihren Alltag voll mit Belastungen (z. B. Arztbesuche, Hausputz), ohne auf positiven Ausgleich zu achten. Die Pflichten und alltäglichen Belastungen erdrücken die wenigen positiven Erfahrungen. Dies trägt zu Stress, Erschöpfung, körperlichen Erkrankungen und Depression bei.

Verfügbarkeit und Zugang zu angenehmen Dingen. Durch Behinderung, Geldmangel, Krankheiten usw. kann der Zugang zu angenehmen Tätigkeiten und positiven Erfahrungen verloren gehen. So kann der Verlust der Sehkraft oder eine andere körperliche Behinderung dazu führen, dass z. B. Reisen oder Autofahren nicht mehr möglich ist und damit wichtige Verstärker (z. B. Besuche von Freunden, von Veranstaltungen) nicht mehr zugänglich sind. Der Alltag wird so ärmer an angenehmen Erfahrungen. Dieser Verstärkerverlust begünstigt die Resignation, die Antriebslosigkeit und den Rückzug.

Mangel an Fertigkeiten und Problembewältigung. Jeder von uns erwirbt im Laufe seines Lebens bestimmte Fertigkeiten und Stärken. Wer in seinem Leben zum Beispiel viel mit elektrischen Geräten zu tun hatte, besitzt in diesem Bereich ein großes Geschick und kann dort alle möglichen Probleme lösen. Wer in seinem Leben viel mit Menschen zu tun hatte oder gar berufsbedingt ständig neue Leute ansprechen musste, entwickelt in diesem Bereich viele Stärken und Fertigkeiten. Wir alle haben jedoch auch unsere „Lücken" und Probleme in bestimmten Lebensbereichen. Dies kann bei der Bewältigung von Belastungen und von Krankheiten oder bei der Bewältigung von Einsamkeit zu Problemen führen. Isolation und Einsamkeit (z. B. nach Trennung, Scheidung, Partnerverlust oder nach Pensionierung) zu überwinden, neue Menschen kennen zu lernen, erfordert Sozialverhalten. Wer hier ungeübt ist oder wem es gar an sozialen Fertigkeiten mangelt, tut sich schwer, Zugang zu neuen Gruppen, zu anderen Menschen und zu sozialer Unterstützung zu finden. Erfreulich ist, dass wir diese Fertigkeiten lernen oder frühere Fertigkeiten wieder auffrischen können. Ein flexibles Repertoire an Problemlösefertigkeiten wirkt antidepressiv.

2.4 Wie wirken Depressionen auf andere?

Wie reagieren Sie, wenn Ihr Partner oder Ihre Partnerin (oder eine andere nahe stehende Person) traurig ist und weint? Ich hoffe, Sie zeigen Mitgefühl, erkundigen sich, was Sie zur Entlastung tun können und versuchen, den anderen wieder aufzubauen. Das tun wir alle und das ist auch gut so!

Stellen Sie sich nun vor, Ihr Angehöriger ist *jeden* Tag so traurig und verzweifelt. Wie reagieren Sie jetzt? Sie merken sicherlich, dass Sie Ihr Mitgefühl, Ihr Angebot zur Entlastung, und Ihre Gesprächsbereitschaft nicht in gleicher Weise und vor allem nicht mit gleicher Kraft, über Tage und Wochen aufrechterhalten können. Was hier passiert, ist ein Dilemma für depressive Menschen und deren enge Angehörige. Depressionen dauern länger als Stunden oder Tage. Zuwendung und Hilfe tun dabei auch gut, doch die Angehörigen und Freunde werden von der Niedergeschlagenheit und der von ihnen gezeigten Zuwendung, vor allem wenn sie nicht den erhofften dauerhaften Erfolg zeigt, belastet, ja oft sogar überfordert. Es ist eine normale Reaktion, dass wir auf Misserfolge frustriert reagieren, uns von Überforderungen und Negativem zurückziehen. Dies passiert auch Angehörigen und Freunden von depressiven Menschen. Länger anhaltende Niedergeschlagenheit und Depressionen bewirken also, dass andere sich von einem zurückziehen oder frustriert (gelegentlich sogar feindselig) reagieren. Man kann sagen, dass Depressionen dazu führen, dass andere Menschen sich von einem abwenden. Damit gehen jedoch dem depressiven Menschen angenehme Erfahrungen, Unterstützung und Hilfe verloren, was zu weiterem Verstärkerverlust führt. Dieser Teufelskreis (siehe Abbildung 2) kann dazu führen, dass das Verhältnis innerhalb einer Partnerschaft oder einer Familie, doch auch zwischen Freunden „vergiftet" wird, Konflikte entstehen, ein vorwurfsvoller Ton sich in den Alltag einschleicht. Was dann für den depressiven Menschen zur Belastung und Auslöser für noch tiefere Verzweiflung und Resignation wird.

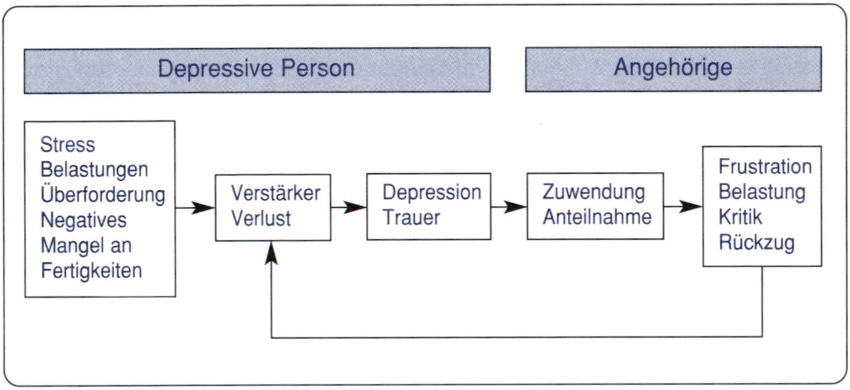

Abbildung 2: Teufelskreis

Ansatzpunkte zur Selbsthilfe und zu Veränderungen

Sie haben erfahren, dass „Verstärkerverlust“ einen Menschen krank machen kann. Daraus folgt, dass die beste Selbsthilfe bei Schwermut ist, den Alltag geschickter zu gestalten, freundlicher zu strukturieren, viele positive und wenige negative Erfahrungen einzubauen sowie die Pflichten zu reduzieren. Viele verschiedene angenehme Tätigkeiten und Aktivitäten reduzieren die depressiven Verstimmungen. Je mehr, desto besser. Lücken im Verhalten oder Defizite in der Problembewältigung lassen sich durch Neulernen, Ausprobieren und Training ausgleichen und allmählich überwinden.

Daraus folgt auch, dass Sie durch diese Maßnahmen Depressionen vorbeugen oder das Auftreten neuer depressiver Episoden verhindern bzw. abmildern können. Dazu gibt es viele Untersuchungen, die das überzeugend belegen.

2.5 Depressionsfördernde Gedanken, verzerrte Einstellungen

Es ist ganz normal, dass jeder von Zeit zu Zeit negative Gedanken hat. Zum Problem werden sie nur dann, wenn wir unsere negativen Gedanken nicht abschütteln können und diese anfangen, unsere Stimmung zu kontrollieren. Für zahlreiche seelische Probleme wie auch für Stress konnte die Bedeutung von pessimistischen, bedrohlichen, selbstzweiflerischen und selbstabwertenden Gedanken nachgewiesen werden. Dabei nehmen wir typischerweise diese gegen uns selbst gerichteten, krank machenden Gedanken gar nicht wahr. Sie sind gut gelernt. Sie laufen unbewusst und automatisch ab. Wir merken nur, dass wir angespannt, gestresst oder niedergeschlagen sind bzw. dass ein Körperteil schmerzt oder nicht mehr richtig funktioniert. Eine sehr wichtige Erklärung für Depression ist die Annahme, dass Depressionen nicht die Folge von bestimmten Ereignissen oder Belastungen sind, sondern dass bestimmte negative Ereignisse (z. B. zu spät zur Verabredung kommen) gedanklich (kognitiv) verzerrt, selbstabwertend und absolutistisch interpretiert werden (z. B. das ist mein Fehler, ich komme immer zu spät), was einen dann niedergeschlagen, verzweifelt, eben depressiv macht. Frühere Erfahrungen, Erziehung, Lernen und Vorbilder sind dafür verantwortlich, dass es zu diesem automatisch ablaufenden, verzerrten Prozess hin zu einer Depression kommt (siehe Abbildung 3).

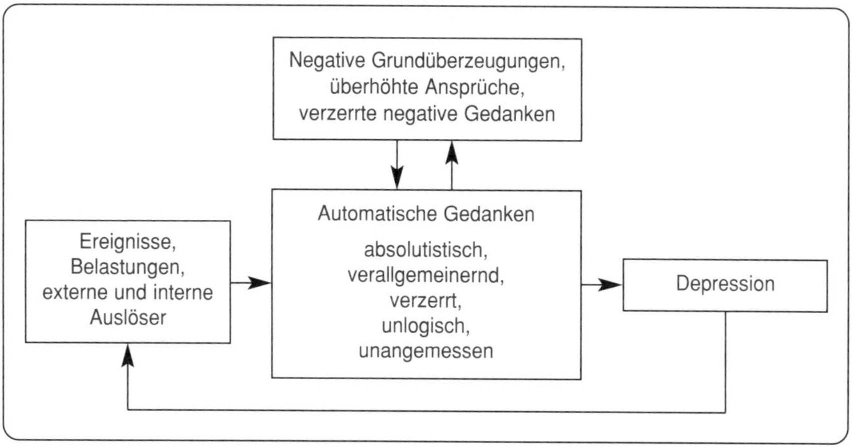

Abbildung 3: Depressionsfördernde Gedanken und Verarbeitungsmuster

Diese negativen, verzerrten und inflexiblen Verarbeitungsmuster (wir sprechen auch von „Schemata") können lange Zeit latent (versteckt) vorhanden sein und erst spät im Leben durch nachlassende Kräfte (älter werden, Erschöpfung usw.), besondere Belastungen, bestimmte Situationen (z. B. die den Umständen ähneln, unter denen ein Schema ursprünglich gebildet wurde) aktiviert werden. Erst jetzt wird man depressiv.

Drei Gedankenmuster sind typisch für depressive Personen:

- Sie sehen sich selbst negativ.
  „Ich bin unfähig.", „Das ist meine Schuld.", „Das ist mal wieder typisch für mich." etc.
- Sie sehen die Umwelt als feindselig.
  „Wer will schon mit mir etwas unternehmen.", „Alle kritisieren an mir herum.", „Die Klassenkameraden haben doch Besseres vor." etc.
- Sie sehen die Zukunft pessimistisch.
  „Das wird nie mehr was.", „Da komme ich nie mehr raus.", „Hat doch keinen Sinn mehr." etc.

Hinzu kommen hohe, ja überhöhte Ansprüche, starre Haltungen, das Festhalten an alten Zielen und Gewohnheiten. Typische depressionsfördernde Muster sind „Alles-oder-Nichts-Denken" (auch Schwarz-Weiß-Denken), „Übertriebene Verallgemeinerungen" (aus einer Mücke einen Elefanten machen), „Gedankenlesen“ (genau wissen, was im anderen vor sich geht), „Abwehr von Positivem“ (nur das sehen, was schief geht).

Es gibt Forschungsergebnisse, die zeigen, dass Einstellungen und Verarbeitungsmuster unser Befinden steuern und unsere Gesundheit beeinflussen. So lässt sich zeigen, dass bei gesunden Männern, die sich eher als Pessimisten einschätzen, nach zehn Jahren das Auftreten einer Herzkrankheit doppelt so hoch war wie bei den Optimisten. Ähnliches lässt sich belegen für Frauen, die in Selbstberichten mehr positive Gefühle und Einstellungen äußern und im Durchschnitt sieben Jahre länger leben als die Frauen, deren Selbstbeschreibungen vermehrt negative Haltungen enthielten. Optimisten können Stressoren aller Art besser abpuffern als Pessimisten. Insgesamt gehen Optimisten durchaus problemorientiert an Anforderungen und Aufgaben heran und können sich dadurch Vorteile verschaffen. Sie erfahren auch mehr soziale Unterstützung als Pessimisten.

Es gibt noch eine weitere Art von Gedankenmustern, die gerne unser Denken blockiert und so zu Depressionen führt. Wer eine schöne, erfolgreiche, erfreuliche Sache glücklichen Umständen oder dem Zufall zuschreibt, wird davon weniger haben, als eine Person, die für diese Erfolge die eigene Person und die eigenen Fähigkeiten verantwortlich macht. Erleben wir dagegen etwas Negatives, einen Misserfolg, ein Ungeschick und machen dafür nun das eigene Versagen, die eigene Unfähigkeit verantwortlich, während wir Erfolge, Schönes, Angenehmes eher dem Zufall und glücklichen Fügungen zuschreiben, dann führt dies zu Verzweiflung und Depression. Besonders depressionsfördernd sind Ursachenzuschreibungen für negative Erfahrungen und Situationen, über die keine Kontrolle besteht (z. B. Gebrechen, Alter, Arbeitsplatzverlust):
- Verantwortung liegt bei mir (internal, meine Schuld, mein Fehler).
- Veränderungen sind unmöglich (stabil, alles ist und bleibt so).
- Gilt in allen Situationen und zu allen Zeitpunkten (global, in allen Lebensbereichen zutreffend).

2.6 Ursachen und Erklärung der Depression

Kliniker und Wissenschaftler stimmen darin überein, dass die Entstehung von Depressionen in der Regel das Ergebnis einer längeren (vielleicht über das gesamte Leben sich erstreckenden) Entwicklung ist. Personen, die eine

Bereitschaft (wir sprechen heute von „Vulnerabilität“ oder „Verletzbarkeit“) dafür haben, entwickeln eine Depression. Diese Verletzbarkeit kann aus vielen Quellen stammen, wie Erfahrungen, Traumatisierungen und Lernen im Laufe des Lebens (bis zurück in die Kindheit). Es können angeborene oder erworbene Stoffwechselstörungen, ungünstige Hirnstrukturen sein. Erfahrungen in der Familie, in der Ehe, im Beruf oder erlebte Notzeiten behindern adäquate Entwicklungen und führen zu fehlerhaften, ungünstigen Verarbeitungsmustern, Verschaltungen und Hirnstrukturen. Fertigkeiten, Stärken, Bewältigungsformen konnten nicht angemessen gelernt werden. Chronische oder einzelne heftige Belastungen erschöpfen das Nervensystem und machen mürbe. Mit fortschreitendem Alter verändern sich Hirnstrukturen, Stoffwechselprozesse und die seelischen Reserven. Dadurch wird man für negative Erfahrungen verletzlicher und Hilflosigkeit stellt sich ein.

Die Ursachen einer Depression liegen also immer in körperlichen, nervlichen, lebensgeschichtlichen, sozialen, zwischenmenschlichen oder seelischen Vorgängen. Bei sich einstellender Schwermut und Depression ist immer der Stoffwechsel im Gehirn bzw. in bestimmten Teilen des Gehirns (Antriebs- und Emotionszentrum) verändert. Vor allem der Aminstoffwechsel (z. B. Serotonin) und die entsprechenden Rezeptoren für diese Stoffe sind gestört. Durch ungeschicktes Verhalten und Denken, durch weitere Belastungen, durch andere Krankheiten wird das subtile Gleichgewicht des Hirnstoffwechsels zusätzlich gestört. Eine Ausweitung der Schwermut ist die Folge. Die Depressionsspirale lässt eine Person immer tiefer in die Resignation, die Gefühl- und Antriebslosigkeit, die körperlichen Beschwerden, den Interessenverlust, die Verzweiflung rutschen. Am Ende stehen dann Leere und eine ernsthafte Depression.

Die schon genannten Risikofaktoren für Depressionen begünstigen eine Depression jedoch nicht nur bei anfälligen Personen. Jeder Mensch kann depressiv werden, wenn mehrere oder für eine bestimmte Person wichtige Risikofaktoren vorliegen. Auch dabei gilt, dass die Gefahr für eine Depression nicht immer gleich hoch ist. Es gibt Zeiten, da ist man robuster und somit geschützter. Zu anderen Zeiten ist man anfälliger. Durch Reserven, Fertigkeiten, soziale Unterstützung und Hilfen, durch geschickte Bewältigung, günstige Alltagsgestaltung, flexible Veränderungen, Entlastungen und Selbsthilfe kann eine Depression abgemildert, verhindert oder abgefangen werden.

Abbildung 4 fasst diese Überlegungen zusammen. Es soll deutlich werden, dass Depressionen viele Ursachen bzw. Entwicklungseinflüsse haben. Diese Entwicklungseinflüsse können kurzfristig und vorübergehend niedergeschlagen und depressiv machen. Der Organismus erholt sich jedoch wieder, wenn wir Selbstheilungskräfte entwickeln, Unterstützung und Hilfe erfahren und eigene Bewältigungsstrategien aktivieren. Lassen diese Ausgleichs- und Heilungskräfte nach, dann werden wir leichter oder auch länger depressiv. Einzelne Erfahrungen oder auch scheinbare Kleinigkeiten bringen uns aus dem seelischen Gleichgewicht. Natürlich können auch einzelne Faktoren plötzlich mächtiger werden oder sich mit anderen Ursachen verbinden, was dann auch die Entwicklung einer Depression begünstigt.

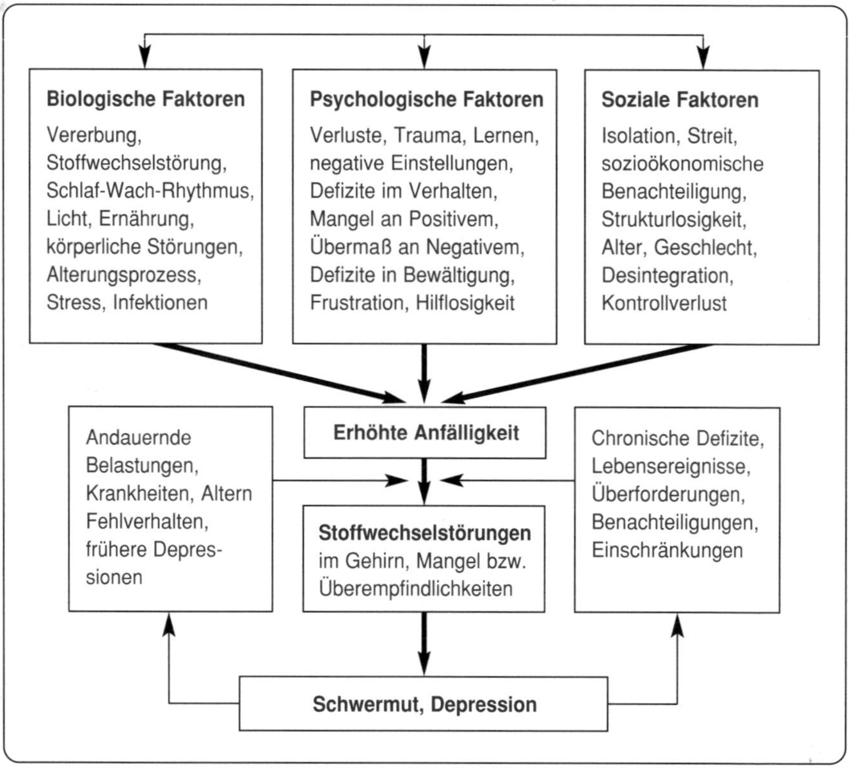

Abbildung 4: Vereinfachte Zusammenfassung der Ursachen und Entwicklungbedingungen einer Depression

Die in Abbildung 4 dargestellten Verbindungslinien sind nur eine Auswahl. Eigentlich ist die Verflechtung und gegenseitige Beeinflussung viel stärker. Ich habe jedoch diese vielen Pfeile und Linien weggelassen, um alles noch übersichtlich zu halten. Viele der Prozesse sind längst nicht ausreichend erforscht. Vieles ist noch unbekannt. Es ist damit zu rechnen, dass neue Erkenntnisse unser Bild der Depression ständig verändern werden.

Die Abbildung erlaubt auch zu verstehen, an welchen Stellen die Behandlung (Therapie) ansetzen kann. Sie erlaubt auch zu begreifen, was wir tun müssten, um Depressionen vorzubeugen (Prävention).

Die bewährten und hilfreichen antidepressiven Medikamente (sog. Antidepressiva) greifen unmittelbar in die Stoffwechselstörung im Gehirn ein. Diese Medikamente gleichen einen Mangel einer bestimmten Substanz (z. B. Serotonin) aus und führen so zur Verbesserung der Empfindlichkeit der Rezeptoren an den Nervenübergängen, was die Reizleitung im Gehirn ermöglicht, verbessert und beschleunigt. Die Folge ist, dass z. B. der Antrieb steigt oder dass sich die Stimmung hebt.

Die unterschiedlichen Antidepressiva haben verschiedene Angriffspunkte. Die einen beeinflussen ganz bestimmte Hirnregionen, andere wirken nur auf ganz bestimmte Rezeptoren an Nervenendigungen, wieder andere wirken nur auf den Bereich vor einer Nervenschaltstelle, andere nur auf den Bereich nach der Reizübertragung. Da es bislang nicht möglich ist, genau zu sagen, welcher Stoffwechselbereich bei einem depressiv Kranken genau gestört ist, kann kein Arzt von vorneherein sagen, welches Medikament für den Einzelnen gut ist und optimal wirkt. Daher muss oft ausprobiert werden, welches Medikament am geeignetsten ist. Der Wechsel oder die Kombination von Antidepressiva ist daher üblich.

Psychotherapie setzt an den Erfahrungen, dem Denken und dem Verhalten an. Damit stehen die in der Abbildung genannten psychologischen und sozialen Faktoren im Mittelpunkt der Behandlung. Es geht darum, über Aufarbeitung von Verletzungen, Traumatisierungen und Lebenserfahrungen Patienten dazu zu bewegen zu anderen Einstellungen zu gelangen, andere Verhaltensweisen und Alltagsabläufe zu erproben, anders mit der Umwelt (z. B. der Familie) umzugehen, Stress abzubauen und zu bewältigen, sich selbst positiver zu sehen, eigene Stärken zu erkennen, um so zu anderen Erfahrungen zu gelangen, die aus der Depression heraus führen. Über neue Erfahrungen, neues Denken und neues Verhalten werden Hirnstrukturen allmählich verändert und der gestörte Stoffwechsel wird günstig beeinflusst. Psychotherapie hilft darüber hinaus den Betroffenen, (Selbst-) Kontrolle über ihre Depression zu erlangen, indem das Erleben, das Verhalten und das Denken in eine antidepressive Richtung verändert werden. Dieser Weg braucht Zeit und ist anstrengender als „Tabletten schlucken". Psychotherapie setzt die Mitarbeit und eine minimale Bereitschaft zur Veränderung voraus.

3 Was kann man gegen Depressionen tun? – Behandlungsmöglichkeiten von Depressionen

Trotz unseres noch mangelhaften Wissens über die Ursachen von Depressionen im Alter gibt es hilfreiche und wirksame Behandlungsmöglichkeiten. Die fachlichen und durch wissenschaftliche Arbeiten belegten Behandlungsmöglichkeiten teilt man allgemein in drei Gruppen ein:

- antidepressive Medikamente,
- Psychotherapien,
- andere medizinische Behandlungen (Licht, Schlafentzug, Elektrokrampf, Gehirn- bzw. Nervenstimulation u. a.).

Daneben gibt es verschiedene alternative Maßnahmen (z. B. Bewegungstherapie, Körpertherapie, Ernährungsumstellung, Hypnose, Religion), die im Einzelfall helfen, deren Wirkweisen jedoch unklar sind bzw. deren Wirksamkeit bislang zumindest bei Depressionen nicht belegt ist.

Antidepressiva und andere Medikamente gegen Depressionen

Antidepressiva sind eine Gruppe wirksamer Medikamente, die helfen, Antriebslosigkeit und Stimmungstiefs zu überwinden. Diese Medikamente wirken unmittelbar auf das Ungleichgewicht im Hirnstoffwechsel, auf die gestörte Empfindlichkeit der Rezeptoren an den Nervenzellen und andere biologische Faktoren ein. Die Wirkweise der Medikamente ist langsam. Es dauert einige Tage bis zu drei Wochen, bis positive Veränderungen merkbar sind. Das empfindliche Gleichgewicht des Hirnstoffwechsels muss erst wieder hergestellt werden. Nicht jeder reagiert gleich auf die Einnahme von Antidepressiva. Meist muss erst das Präparat durch Ausprobieren gefunden werden, das bei einer bestimmten Person am besten hilft und die wenigsten Nebenwirkungen hat.

Mit dem behandelnden Arzt, meist dem Hausarzt, doch besser einem Facharzt für Psychiatrie, sollte das Für und Wider der Tabeletteneinnahme genau abgewogen werden. Die Risiken und Nebenwirkungen der Medikamente müssen den positiven Wirkungen, die durch die Tabeletteneinnahme hervorgerufen werden, gegenübergestellt werden. Die Möglichkeit einer Kombination von Pharmakotherapie und Psychotherapie sollte diskutiert werden.

Die Nebenwirkungen der neuen Antidepressiva sind gering, meistens verschwinden sie nach den ersten Wochen der Einnahme. Auch wenn man sie über eine lange Zeit einnimmt, wird der Alltag nicht beeinträchtigt, und diese Medikamente machen nicht süchtig. Viele Patienten haben zu Beginn der Einnahme Vorbehalte gegen Antidepressiva, ändern dann aber häufig die Meinung nach einigen Tagen der Therapie.

Die Wirksamkeit von Antidepressiva ist überzeugend belegt. Dennoch bleiben Wünsche offen, weil 30 Prozent der Patienten nach zwei Jahren immer noch Restsymptome der Depression haben. Gerade diese Patienten erleiden mit einer Wahrscheinlichkeit von 80 Prozent einen Rückfall. Die verbleibende depressive Symptomatik wird selbst zum Stressor und kann neue depressive Phasen auslösen.

Auf jeden Fall sollte nach zwei Wochen der Tabeletteneinnahme zumindest eine leichte Besserung von etwa 20 Prozent eingetreten sein, andernfalls sollte man das Präparat wechseln. Es ist verlorene Zeit, das Präparat dann länger zu geben. Es wird heute empfohlen, die Medikamente, die helfen, nicht gleich wieder abzusetzen, sondern mindestens sechs Monate oder gar noch länger weiter zu nehmen (so genannte Erhaltungstherapie).

Antidepressiva werden auch bei leichten Depressionen, Ängsten, Schlafstörungen und Schmerzzuständen verordnet. Die Dosierung ist individuell anzupassen und sollte immer mit dem behandelnden Nervenarzt genau besprochen werden. Selbstständige Änderungen der Dosierung oder das gelegentliche Auslassen sind ungünstig und nicht hilfreich. Regelmäßige ärztliche Kontrollen müssen durchgeführt werden. Die verordneten Einnahmezeiten und Einnahmemengen sind genau einzuhalten.

Die hier aufgeführten Beispiele stellen nur ein kleines Spektrum an möglichen Medikamenten dar, da ständig neue Antidepressiva entwickelt und alte Präparate ersetzt oder ganz vom Markt genommen werden. Eine angemessene und korrekte Pharmakotherapie sollte individuell, auf die aktuelle und persönliche Situation, doch auch auf den Verlauf einer Depression abgestimmt werden. Daher sind Kombinationen bzw. Umstellungen von Medikamenten häufig.

Medikamente in der Depressionsbehandlung sind:

- Klassische Antidepressiva, wie z. B. Saroten®, Anafranil®, Tofranil®, Aponal®, Stangyl®.
- Moderne Antidepressiva, wie z. B. Cipramil®, Zoloft®, Seroxat®, Fluctin®, Trevilor®, Edronax®, Remergil®.
- Andere Antidepressiva, wie z. B. Aurorix®, Tolvin®, Dogmatil®, Helarium®.
- Ergänzende, unterstützende Medikamente, wie z. B. Zyprexa®, Risperdal®.
- Phasenprophylaktika, wie z. B. Lithium, Quilonum®, Tegretal®, Valproat, Convulex®.
- Beruhigungsmittel (Benzodiazepine), wie z. B. Tavor®, Tafil®, Lexotanil®, Librium®.

Schlafentzug und Lichttherapie

Dies sind andere medizinische Behandlungsverfahren, die jedoch nur bei ganz bestimmten Formen der Depression (z. B. Licht bei nur im Winter auftretenden Depressionen) sinnvoll sind.

Schlafentzug (vor allem in der zweiten Nachthälfte, also ab 2 Uhr morgens) hat bei den meisten depressiven Menschen kurzfristig Stimmung aufhellende Wirkungen, ist jedoch nur eine Ergänzung zu anderen Methoden. Es gibt Patienten, die in der Klinik die positive Wirkung von Schlafentzug für sich entdeckt haben und dies bei beginnenden depressiven Phasen nun eigenständig anwenden. Dies erfordert Selbstkontrolle, denn es ist wichtig, nicht nur während der Nacht völlig wach zu bleiben, sondern auch noch den folgenden Tag ohne Schlaf durchzuhalten. Jedes Nickerchen stört die positive Wirkung von Schlafentzug.

Daher wird Schlafentzug meist nur in der Klinik mit Unterstützung des Personals und unter Beteiligung mehrerer Patienten durchgeführt. Als eigenständige Behandlung hat sich Schlafentzug nicht bewährt. Er wird immer ergänzt durch Pharmakotherapie oder Psychotherapie.

Elektrokrampftherapie

Hierbei handelt es sich um eine nur in der Klinik und unter Vollnarkose angewandte Depressionstherapie, die bei schwer erkrankten Personen lebensrettende Wirkung zeigen kann. Leider gibt es über diese Behandlung viele Schauermärchen und daher Vorurteile.

Richtig ist jedoch, dass die Elektrokrampftherapie ein durch die Depression blockiertes System (Hirnstoffwechsel) „aufbrechen" kann, wodurch der Betroffene weiteren Behandlungen zugänglich wird und eine Genesung stattfinden kann. Vor Anwendung der Elektrokrampfbehandlung wird jede andere Erfolg versprechende Depressionstherapie durchgeführt. Erst wenn dadurch keine Wirkung, also Besserung der Depression erzielt wurde, kommt die Elektrokrampfbehandlung zum Einsatz. Es ist oft die letzte therapeutische Möglichkeit, die bleibt. Bei den Betroffenen, bei denen bereits früher eine Elektrokrampfbehandlung angewandt wurde und gut angeschlagen hat, wird bei einer neuen depressiven Episode meist schneller wieder auf diese Form der Therapie zurückgegriffen.

Es gibt verschiedene Formen der Elektrokrampfbehandlung. Üblicherweise wird ein Patient wie bei einer Operation in Narkose versetzt. Daher bekommt der Betroffene von der eigentlichen Elektrokrampfbehandlung gar nichts mit. Unter Narkose werden dann Elektroden (heute oft nur noch eine Elektrode) an den Schläfen (gelegentlich auch an der Stirn) befestigt, durch die dann ein Stromstoß auf das Gehirn, vor allem auf die unter den Elektroden direkt liegenden Hirngebiete geleitet wird. Diese Behandlung wird zwischen sechs- und zwölfmal wiederholt. Dazwischen liegen Erholungstage. Kurzfristig sind die Patienten nach dem Erwachen aus der Narkose verwirrt und das Gedächtnis scheint nicht so recht zu funktionieren. Dies sind in der Regel vorübergehende Nebenwirkungen. Wesentlich ist jedoch, dass oft nur durch diese Elektrokrampftherapie eine Hilfe und Heilung möglich ist.

Psychotherapien

Erfolgversprechende und wirksame Psychotherapien setzen an den psychologischen und sozialen Ursachen, an der Stressreduktion, der Verbesserung der Alltagsstruktur, den Verhaltenslücken und ungeschickten Bewältigungsformen, am negativen Denken und anderen Belastungen an. Ziel ist es, Kontrolle über die Schwermut zu bekommen bzw. zu behalten, Depressionen zu verhindern und in ihrer Schwere einzugrenzen.

Jede erfolgreiche Psychotherapie bei Depression will und sollte den betroffenen Personen Wissen über die Krankheit, deren Symptomatik, Verlauf und Entstehung vermitteln (siehe dazu die bisherigen Kapitel dieses Ratgebers). Ferner soll der Betroffene lernen, Auslöser, Risikofaktoren, persönliche Ursachen, Frühwarnzeichen und Rückfallrisiken für die Schwermut zu erkennen und diese zu kontrollieren. Kontrollieren meint dabei nicht nur „verstehen“ und „aussprechen“, sondern „tun“, „ausprobieren“, „neu lernen“, „üben“, „verändern“, „geschickt umgehen“ und „aktiv handeln“. Der Patient lernt so, sich selbst zu helfen und Kontrolle über seine Schwermut und deren Verlauf zu bekommen.

Bei der Behandlung von Depressionen haben sich drei Formen von Psychotherapie bewährt, wenngleich der wissenschaftliche Erkenntnisstand noch längst nicht befriedigend ist:
- Kognitive Verhaltenstherapie
- Interpersonale Psychotherapie
- Psychodynamische Psychotherapie

Kognitive Verhaltenstherapie ist eine aktive, problemorientierte, strukturierte und Probleme bewältigende Therapieform, die alltagsnah und an der Gegenwart orientiert arbeitet. Depressionen lassen sich überwinden und kontrollieren, indem die Art des Denkens und das Verhalten verändert, die Gestaltung des Alltags sowie das Erleben von positiven Dingen beeinflusst werden. Das Vorgehen ist strukturiert und benützt Übungen, Materialien und Aufgaben, damit der Betroffene lernt, anders, freundlicher, weniger starr zu denken und sich geschickter zu verhalten, um die eigenen Ziele zu erreichen. Es wird bei dieser Therapie natürlich auch Gesprächen viel Raum gegeben, es wird erklärt und ausführlich informiert, doch als wesentlich und entscheidend wird angesehen, die von Depressionen betroffenen Menschen zu anderem Handeln, zu neuen bzw. veränderten Erfahrungen und zu anderem Denken zu bewegen.

Typische Elemente oder Phasen einer Kognitiven Verhaltenstherapie sind:
- *Phase 1:* Aufbau einer therapeutischen Beziehung, Lebensgeschichte erheben, Information und Erklärung der Depression, zentrale aktuelle Probleme erkennen, Ziele für die Behandlung formulieren, rasche Hilfe bei

krisenhafter Lage, Stimmung und Alltagsstruktur erfassen (Protokollieren).

- *Phase 2:* Auswertung der Selbstbeobachtungen (Protokolle), Erklärung des Zusammenhangs von Befinden, Denken und Handeln, Vermittlung des therapeutischen Modells, Struktur und Elemente der Therapie mit Bezug zu den Therapiezielen vorstellen und erklären. Vorbereitung auf die nächste Phase.
- *Phase 3:* Beeinflussung des Befindens durch Veränderung der Alltagsstruktur, Aktivitätsaufbau, Finden angenehmer Tätigkeiten, Einbau in den Alltag, Abbau von Belastungen und Pflichten, Wochenplan und Tätigkeitenprotokoll.
- *Phase 4:* Erkennen des Zusammenhangs von Denken und Fühlen, Erkennen automatischer, negativer und depressionsfördernder Gedanken, Bearbeiten kognitiver Muster, Veränderung ungünstiger Einstellungen, Gedankenkontrolle, Gedankenprotokolle, Veränderung von Überzeugungen und Regeln, Bewältigung von früheren Verletzungen, Konflikten und Verlusten.
- *Phase 5:* Aufbau von neuem Verhalten, Verbesserung der sozialen Fertigkeiten, Aufbau von geschickter Kommunikation und Interaktion, Bearbeitung von Verlusten und sozialen Konflikten, Verbesserung der Problemlösefertigkeiten, Erhöhung der Selbstsicherheit, Rollenspiele, Übungen, Einbezug des Partners.
- *Phase 6:* Beendigung der Therapie, Sicherung der Beibehaltung des Gelernten, Stabilisierung der Erfolge und Fortschritte, Erkennen von Frühwarnzeichen einer Depression, Notfallplanung, Krisenplanung, Rückfallverhinderung.

Diese Phasen finden in einer Einzeltherapie ebenso statt wie in einer Gruppentherapie. Die Dauer der Behandlung kann zwischen 12 Wochen und bis zu über einem Jahr schwanken. Das hängt von der persönlichen Situation, von der Schwere der Depression und auch von dem Rahmen (ambulant, stationär) ab, in dem die Therapie stattfindet. Es werden üblicherweise zwischen 25 und 45 Einzeltherapiesitzungen durchgeführt, doch gibt es je nach Ausgangslage auch Schwankungen.

Die Kognitive Verhaltenstherapie ist weltweit am meisten und ausführlichsten untersucht. Wir haben dazu selbst mehrfach wissenschaftliche Studien mit depressiven Menschen durchgeführt. Man kann heute sagen, dass in Kliniken, in Tageskliniken, in psychotherapeutischen und auch psychiatrischen Praxen die Kognitive Verhaltenstherapie die am häufigsten angewandte Behandlungform für Menschen mit Depressionen ist.

Interpersonale Psychotherapie, die typischerweise in Einzelbehandlung durchgeführt wird, stellt zwei Ziele in den Mittelpunkt, nämlich
- Die Erklärung und Information über Depression, deren Verlauf und die Behandlungsmöglichkeiten. Entsprechend wird die Interpersonale Psychotherapie meist in Kombination mit Antidepressiva eingesetzt.
- die Bearbeitung und Veränderung aktueller Beziehungsprobleme, doch auch die Bearbeitung zurückliegender, heute noch belastender zwischenmenschlicher Enttäuschungen, Verluste und Konflikte.

Das Vorgehen ist konkret, strukturiert, begrenzt, direkt, problemorientiert, zunächst eher analysierend und klärend, später auch übend und verändernd. Patienten werden unterstützt und ermuntert über die (sozialen) Konflikte und Verletzungen zu sprechen, nach Alternativen zu suchen und diese zu erproben. Das Vorgehen hat meistens drei Phasen:
- *Initiale Phase:* Entlastung, Information, Reduktion der Beschwerden.
- *Mittlere Phase:* Bearbeitung von einigen, meist zwei bis drei zentralen zwischenmenschlichen Konflikten, Verlusten und unbewältigten Ereignissen. Dazu gehört: genaue Analyse, Ausdruck von Gefühlen, Stärkung des Selbstwerts, Akzeptieren von Unveränderlichem, Aufbau neuer Handlungsmöglichkeiten (z. B. Rollenspiele).
- *Schlussphase:* Beendigung der Therapie als Beispiel für angemessenen Umgang mit Abschied und Verlust, Vorbereitung auf die Zeit nach dem Therapieende, Herausstellen von Kompetenzen des Patienten, Besprechen von Frühwarnzeichen einer Depression.

Die Interpersonale Psychotherapie darf als für Depressionen erprobt und erfolgreich untersucht gelten. Die Interpersonale Psychotherapie verbindet Elemente der Kognitiven Verhaltenstherapie (s. o.) und psychodynamische Vorgehensweisen.

Psychodynamische Psychotherapien haben sich bislang recht wenig um die Behandlung depressiver Menschen gekümmert. Dies zeigt sich auch in den Forschungsaktivitäten. Es liegen nur wenige amerikanische Studien zu psychodynamisch orientierten Behandlungen bei Depressionen vor.

Die Behandlung ist strukturiert, konkret, auf bestimmte Probleme fokussiert, klärend und bearbeitend, unterstützend und verändernd. Entsprechend dem psychodynamischen Konzept der frühen bzw. in der Vergangenheit liegenden Konflikte und Verdrängungen, werden die aktuellen depressiven Beschwerden als Ausdruck von im Lebensverlauf nicht bewältigten und geklärten Verletzungen gesehen. Ein aktueller Auslöser, etwa ein Verlust oder eine Erkrankung, reichen demnach nicht zur Entstehung einer Depression aus, sondern es ist der lebensgeschichtliche Hintergrund der Person und ihre Entwicklung, die eine aktuelle Belastung zum Auslöser für eine Depression machen. Daraus folgt, dass es in einer Psychotherapie bei Depressionen ganz wichtig ist, den Lebenslauf und Lebensverlauf und frühere Ziele, Wünsche, Verletzungen, Konflikte, Erfolge und Misserfolge usw. anzuschauen, zu analysieren und zu helfen, die damit verbundenen Verletzungen zu verarbeiten. Eine besonders erfolgreiche Methode dafür wird als „Reminiszenztherapie" („Erinnerungstherapie") bezeichnet. Dabei wird in einer Einzeltherapie der Lebensverlauf eines älteren Menschen in jedem Abschnitt, insbesondere die konfliktreichen Umbruch- und Reifungsstellen, Enttäuschungen, Verletzungen, Verluste usw. besprochen, die Verarbeitung analysiert, alternative Sichtweisen erarbeitet, eigene Stärken herausgearbeitet, bis heute Erreichtes, aber auch Unerreichtes bis hin zu nicht mehr Erreichbarem nebeneinander gestellt. Ziel ist, alte Konflikte und damit verbundene Emotionen zu verarbeiten (zur Ruhe kommen zu lassen), die eigenen Stärken und Erfolge sehen zu können, unerreichbare Ziele aufgeben zu können.

Da diese Bearbeitung der Vergangenheit und darin verwobener Konflikte, das Erkennen eigener Stärken und das Erlernen neuer Handlungsmöglichkeiten auch für die Kognitive Verhaltenstherapie und die Interpersonale Psychotherapie zentral sind, zeigen sich große Überlappungen und Ähnlichkeiten bei den Psychotherapien von Depressionen.

3.1 Schritte erfolgreicher Selbsthilfe

Depression kann gut und erfolgreich behandelt werden. Vorbeugen, Selbsthilfe und Unterstützung der fachlichen Hilfe ist möglich. Es lassen sich 7 Schritte erfolgreicher Selbsthilfe unterscheiden:

Schritt 1: Informieren, beurteilen, Diagnostik
Traurigkeit und Interessenverlust, Gedächtnislücken, Antriebsmangel und Schlafprobleme sind normale, allen bekannte Erfahrungen. Treten sie auf und verschwinden nicht bald wieder oder werden die Beschwerden gar mehr, dann lohnt sich eine genaue Selbstbeurteilung, eine genauere Diagnostik und Bewertung.

Schritt 2: Nicht abwarten, handeln!
Rückzug und abwarten, Resignation und zaudern bringen nichts. Informieren Sie sich. Lesen Sie die Teile dieses Buches. Schauen Sie ins Netz (z. B. www.kompetenznetz-depression.de) und erproben Sie die gemachten Vorschläge. Sprechen Sie mit Angehörigen, mit Freunden und Bekannten, mit Ihrem vertrauten Arzt über die Lustlosigkeit, die Schwermut. Lassen Sie sich auf das Risiko von Veränderungen ein.

Schritt 3: Genau hinschauen, selbst beobachten!
Vor jeder Veränderung sollte eine genaue Diagnostik stehen. Das heißt genaue Selbstbeobachtung und die Analyse von Zusammenhängen. Es ist doch wichtig zu erkennen, was einem die Stimmung verdirbt oder den Antrieb nimmt. Nur dann kann man Veränderungen einleiten. Es ist auch wichtig herauszubekommen, was angenehm ist und das Interesse weckt.

Schritt 4: Langsam beginnen, nicht unter Druck setzen!
Jede Veränderung ist anstrengend. Für Schwermütige ist alles doppelt anstrengend. Veränderungen brauchen Zeit und erfordern Geduld. Rückschläge und Misserfolge sind normal. Aufgeben ist falsch und ungeschickt. Lieber zehnmal neu anfangen, als nach dem ersten Rückschlag bzw. Misslingen aufgeben. Bearbeiten Sie schrittweise und systematisch die Empfehlungen und Ratschläge der folgenden Kapitel. Gehen Sie zu früheren Kapiteln zurück, wenn es nicht klappen will oder Ihnen Zweifel kommen.

Schritt 5: Tun, handeln, ausprobieren!
Veränderungen der Schwermut, der Schuldgefühle, der Antriebslosigkeit, der Selbstzweifel gelingen nur durch aktives Handeln. Neue Er-

fahrungen und handeln sind der einzige, der richtige Weg. Dabei geht es nicht darum, sich zu überfordern. Es geht darum, das neue Verhalten, das neue Denken, die neue Struktur (z. B. im Alltag) zu erproben, nicht aufzugeben und durchzuhalten.

Schritt 6: Sich selbst loben, sich loben lassen!
Nur wenn man zarte Pflanzen und Sprösslinge regelmäßig gießt, wachsen sie zu einer starken Pflanze heran. Viele Depressive sind sehr geschickt darin, sich selbst zu kritisieren, zu beschimpfen, sogar zu bestrafen. Es ist wichtig, sich selbst zu loben, sich selbst auf die Schulter zu klopfen und jede kleine Leistung (Veränderung) anzuerkennen. Da andere das nicht tun, müssen wir es selbst tun. Von Freunden und Angehörigen kann man sich jedoch auch Lob einfordern („Habe ich das nicht gut hinbekommen?" – „Ich erwarte jetzt ein Lob!"). Was soll schon passieren, wenn Sie das tun?

Schritt 7: Durchhalten, beibehalten, auffrischen!
Neues Denken und Verhalten braucht Pflege und ständiges Training. Es ist falsch zu hoffen, dass eine neu erworbene Fertigkeit oder eine neue Tagesstruktur schon so automatisch läuft wie die alten Gewohnheiten. Daher ist es wichtig, an der Sache dranzubleiben, auf sich zu achten, sich zu loben und bewusst zu handeln. Jede Krise, jede Veränderung erschüttern die neu erworbenen Denk- und Verhaltensweisen. Die Gefahr ist groß, dass die negative Spirale, die Schwermut Sie wieder in den Griff bekommt. Daher gilt es, Gelerntes regelmäßig aufzufrischen, Veränderungen zu planen und diese im Auge zu behalten.

3.2 Die Depressionsspirale

Schwermut entwickelt sich meist unbemerkt und in Form einer nach unten gerichteten Spirale. Oft ist der Beginn gar nicht klar festzumachen. Man merkt die Depression erst, wenn die Stimmung ganz unten ist, man nachts wach liegt, sich erschöpft und überfordert fühlt, sich verkriecht und die Selbstzweifel einen nicht mehr loslassen. Es ist dennoch hilfreich, sich die Entwicklung als Rutschbahn oder besser als eine „Spirale" vorzustellen (siehe Abbildung 5).

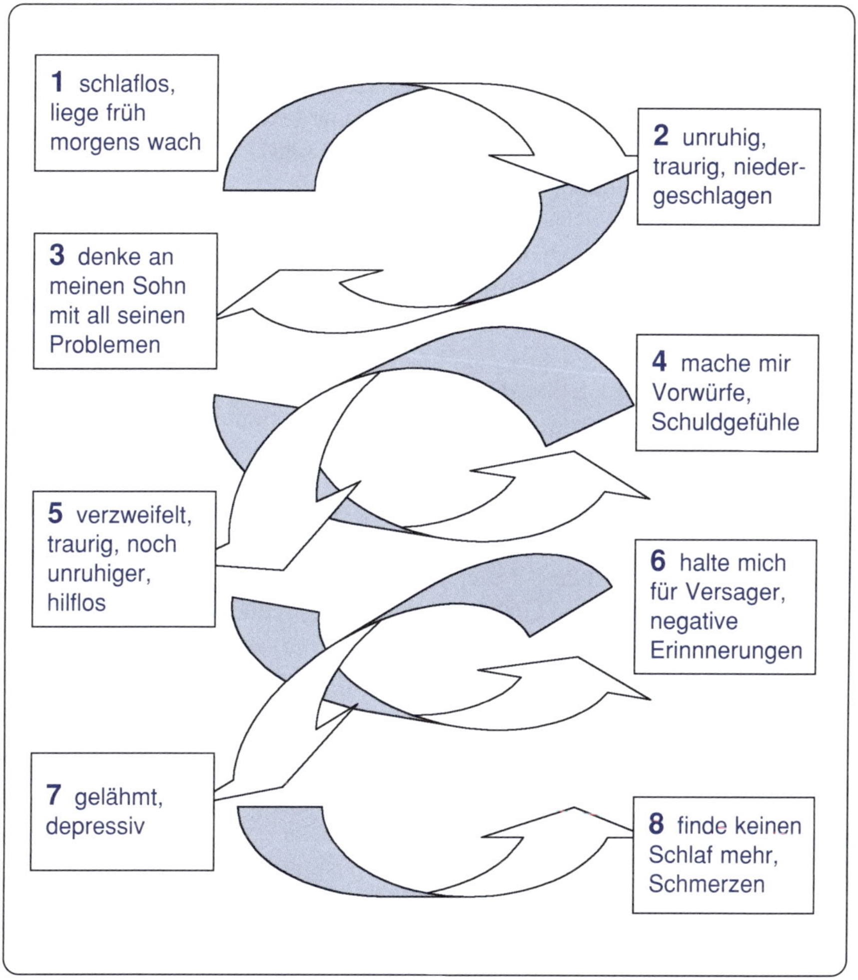

Abbildung 5: Beispiel für eine Depressionsspirale

Dabei spielt es keine Rolle, womit man die Spirale beginnen lässt. Die Spirale in die Depression kann mit einem belastenden Ereignis (Verlust, Einschränkung, Krankheit) beginnen, doch sie kann auch mit der Erschöpfung und der Leere oder den Schlafstörungen und der Lustlosigkeit beginnen. Hilfreich ist es, sich die ganz persönliche Aufschaukelung (Spirale) an vielen verschiedenen Beispielen anzuschauen.

Es passiert auch, dass die Depressionsspirale durch eine schlechte Nachricht (am Telefon, in der Post), durch körperliche Beschwerden (Schmerzen) oder unglückliche Umstände (Brille verlegt, Termin vergessen) ausgelöst wird. Wir kennen auch Beispiele, bei denen diese Rutschbahn in die Schwermut durch Gedanken beim Spaziergang oder dem Nachhängen von Erinnerungen am Küchenfenster ausgelöst wurde.

Was fällt auf? Schon bei dem Beispiel in Abbildung 5 wird deutlich, dass bei einer Depressionsspirale immer drei Elemente beteiligt sind:
- *Fühlen, Körper* (Schlechte Stimmung, Traurigkeit, Schmerzen, Unruhe usw.),
- *Denken* (Grübeleien, Selbstzweifel, Schuld, Katastrophengedanken usw.),
- *Handeln, Tun* (Rückzug, Verkriechen, in der Wohnung bleiben, Nichtstun usw.).

Dabei sind diese drei Elemente miteinander verbunden und oft schwer auseinander zu halten. Die Rutschbahn in die Schwermut läuft ganz rasch und automatisch ab. Am Ende ist alles noch viel schlimmer. Die Resignation hat Sie dann wieder fest im Griff. Das Denken sieht überall nur noch Schuld und Katastrophen. Man klinkt sich noch mehr aus dem Leben aus, erlebt immer nur dasselbe und erfährt keine Ablenkung mehr. Fühlen, Denken und Handeln sind so eng miteinander verbunden, dass es nicht möglich ist, zu entscheiden, was zuerst kommt oder an welcher Stelle die Depressionsspirale beginnt.

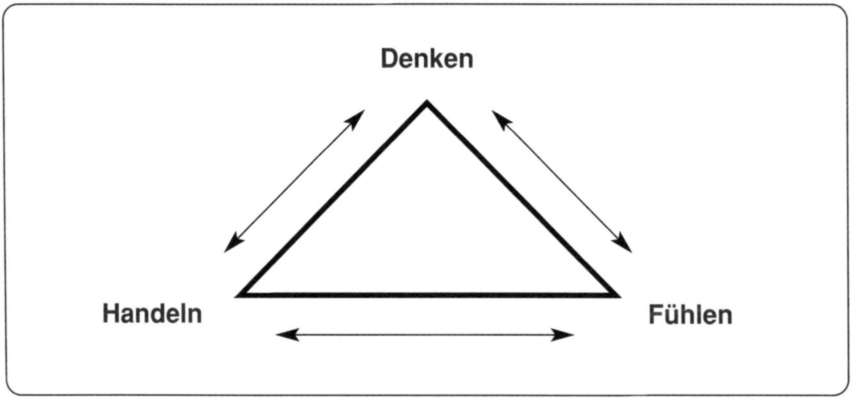

Abbildung 6: Denken, Fühlen und Handeln sind eng verbunden

In dieser engen Verknüpfung liegt jedoch der Schlüssel zur Hilfe, zum Weg aus der Schwermut! Das Dreieck ist eine geschlossene Form. Die Veränderung an einer Stelle, hat immer auch Veränderungen an anderen Stellen zur Folge. Wer sich schlecht fühlt, denkt meist negativ und hat weniger Kraft etwas zu tun. Wer sich zurückzieht, den ganzen Tag auf dem Sofa liegt, fühlt sich gelähmt und energielos, kommt leicht ins Grübeln und fühlt sich dann schlecht. Wer an sich zweifelt und sich für schlecht hält, wird traurig und verzweifelt. Wer sich traurig und verzweifelt fühlt, hat weniger Energie etwas zu tun, verkriecht sich und sieht sich in seinen Selbstvorwürfen bestätigt.

Wenn Denken und Handeln so eng mit unserem Körper und unserem Fühlen zusammenhängen, dann muss es doch auch möglich sein, unser Befinden, unsere Stimmung dadurch zu verbessern, indem wir anders denken und anders handeln. Denken und Handeln ist veränderbar. Darüber können wir Kontrolle bekommen. Die Depressionsspirale lässt sich umdrehen, indem wir lernen anders über uns, über die Welt und unsere Zukunft

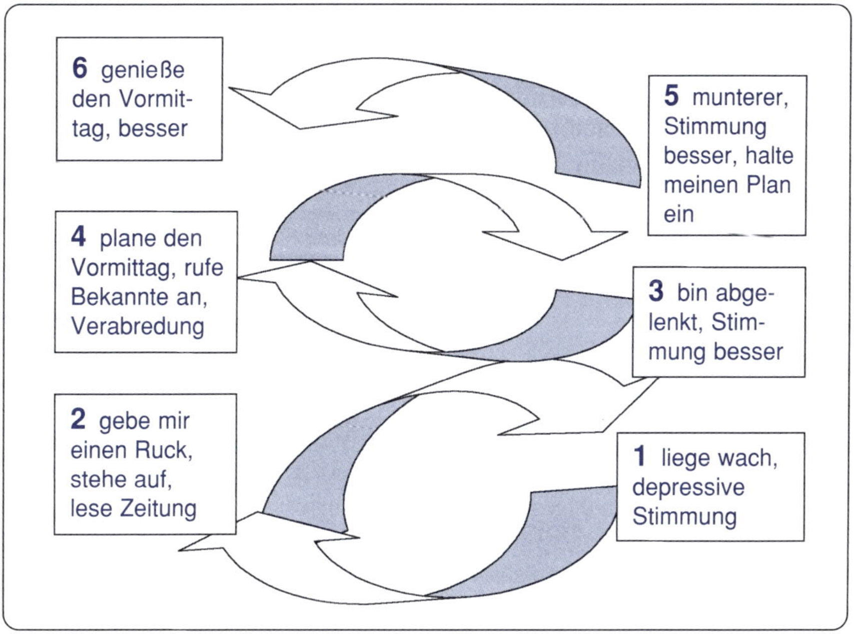

Abbildung 7: Die Depressionsspirale umdrehen

zu denken. Die Depressionsspirale lässt sich umkehren, indem wir lernen, uns anders zu verhalten und geschickter zu handeln. Dieser Weg aus der Schwermut lässt sich bildlich als *nach oben gerichtete* Spirale darstellen.

Erkennen wir rechtzeitig, was uns in Gefahr bringt, in die Schwermut abzurutschen, dann können wir durch Veränderung unseres Denkens und unseres Tuns dies stoppen. Wir rutschen nicht ganz tief in das Loch oder lassen die Entwicklung der Depressionsspirale gar nicht erst zu.

Der Anfang ist schwer! Vorausplanen ist wichtig. Dann gilt es sich an seinen Plan, egal wie es Ihnen geht, zu halten. Haben Sie den ersten Schritt getan, dann loben Sie sich. Dieser erste Schritt ist nicht selbstverständlich!

3.3 Selbsterkenntnis und Selbstbeobachtung

Voraussetzung für jede Veränderung und Kontrolle über die Depression ist die genaue Beobachtung und Analyse der Stimmung und der Alltagserfahrungen. Dabei gilt es genau hinzuschauen. Selbst bei schwer depressiven Menschen ist die Stimmung nicht über den gesamten Tag gleich. Selbst während Stimmungstiefs und dem Gefühl der völligen Leere gibt es (kleine) Verschiebungen. Daher lohnt es sich über zumindest zwei Wochen die Stimmung und die Alltagserlebnisse zu beobachten und dies in einem Protokollblatt fest zu halten.

> Verwenden Sie dazu das Arbeitsblatt 3 im Anhang (vgl. Seite 74). Das Tagesprotokoll ist hilfreich und sollte *mindestens 10, besser 14 Tage* geführt werden. Benutzen Sie für jeden Tag ein neues Protokollblatt. Kopieren Sie sich zu diesem Zweck einfach das Arbeitsblatt mehrfach.

Wichtig ist, dass für jede Stunde eines Tages diese Aufzeichnungen gemacht werden. Also nicht am Ende des Tages die Stimmung und die Ereignisse aufschreiben, sondern mehrmals täglich, zumindest alle drei Stunden protokollieren. Die Stimmung sollte anhand einer Notenskala, z. B. von 1 (sehr gut) bis 6 (sehr schlecht) für jede Stunde beurteilt werden. Beginnend mit dem Wachwerden am Morgen sollte dann für jede Stunde aufgeschrieben werden, was passiert ist, was man tat, was sich ereignete, wer da war oder was einem durch den Kopf ging.

Es ist hilfreich, das Protokollblatt für jeden Tag ständig bereit zu haben. Also jeden Abend das Tagesprotokoll für den folgenden Tag herauslegen! Im Tagesverlauf sollten Sie dann etwa alle drei bis vier Stunden das Protokollblatt hervorholen und rückwirkend für die letzten Stunden ausfüllen. Am besten eignen sich folgende Zeitpunkte: morgens gleich nach dem Frühstück, dann vielleicht vor dem Mittagessen, am Nachmittag so gegen 16 Uhr, vor dem Abendbrot und dann vor dem Einschlafen. Die ausgefüllten Tagesprotokolle werden gesammelt und erst nach einer Woche (oder auch erst nach zwei Wochen) ausgewertet.

Die *Auswertung* der ausgefüllten Protokollblätter ist einfach. Betrachten Sie zunächst für jeden Tag Ihre Stimmungsurteile. Erwarten Sie keine guten „Noten". Eine „3" ist schon viel besser, als eine „4" oder „5". Wer mit Schwermut zu kämpfen hat, darf nicht erwarten, dass die Stimmung weiter als auf eine „3" steigt. Markieren Sie alle „5" und „6" rot und alle „4" und besser mit gelb.

Fragen Sie sich: War die Stimmung immer gleich? Gab es gute und weniger gute Tage? Was unterscheidet die Stunden bzw. Tage mit schlechter Stimmung („5" oder „6") von denen mit besserer Stimmung („4" und besser)? Nach unseren Erfahrungen zeigt sich fast immer, dass in den Stunden mit besserem Befinden angenehme Dinge passiert sind, weniger negatives Denken vorherrschte und insgesamt mehr passierte. Lassen sich anhand der Protokolle Beispiele für die Depressionsspirale finden und nachzeichnen? Gibt es da Zusammenhänge von denken, fühlen und handeln?

Die Tagesprotokolle sollen helfen, bei sich selbst zu erkennen, dass die zuvor dargestellte Depressionsspirale und das Dreieck von fühlen, denken und handeln tatsächlich stimmen. So werden Ansatzpunkte für Veränderungen und Selbsthilfe deutlich. Natürlich kann man warten, bis zufällig etwas Angenehmes passiert oder bis die Stimmung sich bessert. Viel geschickter ist es jedoch, angenehme Tätigkeiten und aufbauende Aktivitäten in den Alltag einzuplanen.

Um einen ausgeglichenen Tag zu erleben, ist es gut, genau so viel Zeit mit Angenehmem zu verbringen wie mit Pflichten. Wenn zu den Pflichten z. B. Arztbesuch, Küche aufräumen, Teppich saugen, Arbeitsbesprechung mit Vorgesetztem gehören, dann sollte im Anschluss an jede dieser Tätigkeiten möglichst eine angenehme Tätigkeit eingebaut werden. Gestalten Sie Ihre Tage nach folgendem Schema:

Beispiel

08–09 Uhr: Pflicht, weniger Angenehmes
09–10 Uhr: Angenehme Tätigkeit
10–11 Uhr: Pflicht, weniger Angenehmes
11–12 Uhr: Angenehme Tätigkeit
usw.

Sie sehen also, dass Pflichten und Angenehmes im Wechsel, möglichst im gleichen Umfang, Ihren Tag füllen sollten. Es hat sich als hilfreich erwiesen, in dieser Weise einen Wochenplan zu führen. Sie können in diesem Plan die Woche bzw. einige Tage im Voraus planen. Tragen Sie die Pflichten und das weniger Angenehme ebenso ein wie die angenehmen Tätigkeiten.

3.4 Negatives Denken stoppen

Typisch depressive Gedanken sind: Das schaffe ich nie – Ich bin ein Schwächling – Andere sind besser – Keiner kümmert sich um mich – Ich zähle schon gar nicht mehr – Das hat doch alles keinen Sinn mehr – Meine Kraft reicht nicht.

Kommen Ihnen diese Sätze bekannt vor? Bei einer Depression wird das Denken von derartigen pessimistischen Gedanken dominiert. Dabei sind diese Gedanken und Selbstbeurteilungen meist nicht richtig. Ihr Denken ist „depressiv verzerrt"! Haben wir diese (unrichtigen, überzogen negativen) Gedanken im Kopf, dann drücken sie auf die Stimmung und den Antrieb.

Auch hier ist zunächst wichtig, das schwermütige Denken zu beobachten. Beim Tagesprotokoll sind Ihnen die negativen Gedanken sicherlich schon aufgefallen. Nun ist es wichtig, herauszufinden, welche typischen Gedanken Sie herunterziehen. Diese negativen, selbstzweiflerischen, pessimistischen Gedanken kommen ganz schnell, quasi „automatisch". Daher ist es oft schwierig, sie gleich zu erkennen.

Am besten ist es folgendermaßen vorzugehen:

- Ihre Stimmung ist schlecht (schwermütig, ängstlich, traurig).
- Stellen Sie sich die Frage: Was geht mir jetzt bei der Schwermut durch den Kopf?
- Notieren Sie nun alles was Ihnen auffällt. Ehrlich sein und alles aufschreiben!

Hilfreich ist es, sich Karteikarten anzulegen. Auf jede Karte schreiben Sie einen der für Sie typischen negativen Sätze. Beobachten Sie sich weiter. Wie oft kommen diese Sätze im Alltag vor? Wahrscheinlich kreisen diese Gedanken in Ihrem Kopf, wenn Sie niedergeschlagen sind, alleine sind oder morgens wach liegen.

Stellen Sie sich die Frage: Stimmen diese Gedanken? Helfen sie mir? Würde ich auch meinen Kindern raten, so zu denken? Meist würden wir niemandem raten, sich die völlige Schuld an einer Sache zu geben oder sich für einen Versager zu halten. Mit anderen Menschen gehen wir viel freundlicher um!

Stellen Sie sich weiter die Frage: Was würde passieren, wenn ich diese Gedanken nicht mehr denke? Wenn ich diese Gedanken zeitweilig stoppen könnte? Welche Katastrophe würde dann eintreten? Fällt Ihnen eine ein? Vermutlich nicht! Daher ist es gesund und antidepressiv, die negativen Gedanken zu unterbrechen, zu stoppen, etwas anderes zu denken.

Auch das müssen Sie aktiv angehen. Gedanken verschwinden nicht von alleine. Sie müssen sich Selbstinstruktionen geben. Sie müssen sich wie ein Trainer helfen, dic negativen Gedanken zu stoppen und aus dem Kopf zu schieben.

Sagen Sie sich (laut!):
„Stopp! Dieser Gedanke ist nicht hilfreich! Ich mache mich nur fertig! Ich höre jetzt auf, darüber nachzudenken!“

Tun Sie dann gleich etwas anders, etwas Erfreuliches. Lenken Sie sich ab. Erwarten Sie nun nicht, dass der Erfolg lange anhält. Das negative Denken ist zäh. Bei nächster Gelegenheit tauchen die negativen Gedanken ganz automatisch wieder auf.

Wiederholen Sie:
„Stopp! Dieser Gedanke ist nicht hilfreich! Ich mache mich nur fertig! Ich höre jetzt auf, darüber nachzudenken!“

Es ist ganz normal, dass Sie dies häufig wiederholen müssen. Immer und immer wieder arbeiten Sie so an der Unterbrechung Ihres unberechtigten negativen Denkens.

3.5 Positive Gedanken in den Kopf pumpen

Eine komische Vorstellung, doch es funktioniert! Dies ist eine weitere Hilfe, um die Depressionsspirale umzukehren oder gar nicht erst entstehen zu lassen. Voraussetzung ist, dass Sie negative, pessimistische, tyrannisierende Gedanken von aufbauenden, positiven, hilfreichen Gedanken unterscheiden können. Depressiven und zu Schwermut neigenden Menschen fallen die negativen Gedanken rasch und in großer Zahl ein. Bei der Aufzählung von positiven Eigenschaften, von Stärken tun sie sich meist sehr schwer.

Zunächst brauchen Sie also Sätze, die etwas Gutes, eine Stärke, eine positive Eigenschaft von Ihnen beschreiben.

Beispielsätze:

Ich habe schon vieles im Leben geschafft!
Mein Nusskuchen wird von allen gelobt!
Ich bin zuverlässig!
Meine Arbeitskollegen schätzen mich!

Diese Stärken, positiven Erfahrungen und aufbauenden Selbstbewertungen zu finden, fällt vielen schwer. Insbesondere depressive Menschen tun sich schwer, derartige, meist zutreffende Sätze zuzulassen. Daher fragen Sie Bekannte, Freunde und Angehörige was sie an Ihnen schätzen. Sie werden überrascht sein, wie viel Positives Sie zu hören bekommen.

Legen Sie für jeden positiven Satz eine Karteikarte an (bekommen Sie im Schreibwarenhandel). Am besten in einer auffälligen Farbe (grün, rot, blau). Ideal ist es, wenn Sie fünf oder sechs positive Selbstbewertungen zusammentragen und jede auf eine Karte schreiben.

Jetzt gilt es nur noch diese hilfreichen, aufbauenden Sätze in Ihren Kopf zu „pumpen“. Wie macht man das?

Sie haben *zwei Möglichkeiten:*

Tragen Sie die *Karten* mit den positiven Sätzen über die nächsten Wochen ständig bei sich. Jedes Mal, *bevor* Sie etwas trinken oder essen, holen Sie die Karteikarten hervor und lesen alle durch. Am besten ist, wenn Sie die Sätze über sich laut lesen. Sie trainieren so Ihr Gehirn, damit Ihnen die hilfreichen, aufbauenden Sätze einfallen und sich gegen die automatischen, damit dominierenden pessimistischen Gedanken behaupten können.

Besorgen Sie sich rote selbstklebende *Punkte* im Schreibwarengeschäft. Kleben Sie mindestens 15 Punkte an die unterschiedlichsten Stellen in Ihrer Wohnung (z. B. auf den Kühlschrank, auf die Teekanne, auf den Garderobenhaken) oder in Ihren Geldbeutel, in die Garage, ins Auto usw. Jedes Mal, wenn Sie im Laufe des Tages auf einen der roten Punkte treffen, sollten Sie sich einen der positiven, aufbauenden Sätze (laut) vorsagen. Fällt Ihnen keiner der Sätze ein, dann holen Sie die Karten heraus und lesen Sie alle durch.

3.6 Kontakte pflegen und neue Kontakte herstellen

Bei Menschen, mit denen Sie im täglichen Leben zu tun haben und zu denen ein gutes Verhältnis besteht, gibt es keinen Grund, Ihre Schwermut zu verbergen oder den Umgang einzustellen. Kontakte und Unterstützung durch andere sind hilfreich gegen Depression. Sich zurückziehen, andere meiden oder sich zusammenreißen und anderen etwas vormachen ist nicht hilfreich. Rückzug ist nur kurzfristig eine Erleichterung. Schnell entsteht eine Spirale der Vermeidung, der Selbstzweifel, des Antriebsmangels, der Resignation und damit eine Verstärkung der Schwermut. Gerade im Alter ist Isolation und Einsamkeit depressionsförderlich und keine Hilfe. Setzen Sie sich, auch wenn es schwer fällt, anderen Menschen aus!

Zur Verhinderung und zur Überwindung einer Depression sind viele und auch neue Kontakte wichtig. Dabei sollte man nicht zu wählerisch sein. Kontakte und soziale Beziehungen ergeben sich natürlich nicht alleine durch geschicktes Denken und geschicktes Verhalten, sondern in erster Linie dadurch, dass man sich anderen Menschen aussetzt, das Risiko eines Kontakts eingeht, neugierig ist und ständig weiter probiert.

Menschen haben gerne Kontakt zu ihnen ähnlichen Personen, also Menschen im ähnlichen Alter, Menschen mit ähnlichen Interessen und Menschen vom gleichen Geschlecht. Um erfolgreich Kontakt zu anderen aufzunehmen, ist es wichtig Gemeinsamkeiten als Aufhänger für ein Gespräch zu finden. Sie müssen Interesse an der anderen Person zeigen. Sie müssen bereit sein, etwas von sich zu erzählen. Dazu müssen Sie etwas zu erzählen haben (also Themen zurecht legen, über Erlebnisse berichten). Sie sollten Ihren Gesprächspartner durch lächeln, nicken und nachfragen verstärken. Wichtig ist ferner, dass beide zu Wort kommen, also eine Art „Ping-Pong" stattfindet, mal erzählen Sie, mal Ihr Gesprächspartner. Es ist ungünstig, wenn einer viel redet und der andere keinen Raum hat. Sie sollten selbst nicht nur interessiert zuhören und ansonsten schweigen. Das lässt den Kontakt abbrechen. Ihr Gegenüber wird gelöscht. Kontakte und Nähe entstehen dadurch, dass Sie von oberflächlichen Themen zu persönlicheren, tieferen Themen kommen. Sie sollten nicht mit der Tür ins Haus fallen und gleich über Intimes oder ganz persönliche Schicksalschläge sprechen. Das stößt ab. Im Verlauf eines Gesprächs entsteht dadurch eine Beziehung, dass Sie Schritt für Schritt Nähe herstellen, über Persönliches zunächst nur kurz und wenig detailliert berichten. Das gelingt nicht gleich und es bedarf verschiedener Versuche und Anläufe. Das Tun, das Ausprobieren ist entscheidend. Was kann schon Schlimmes passieren? Schlimmstenfalls kommt es zu keinem Kontakt, doch Sie haben es dann zumindest versucht.

3.7 Schlaf, Ernährung und Bewegung

Diese drei Grundbedürfnisse erfordern insbesondere in depressiven Phasen besondere Beachtung. Sie können auf alle drei durch Ihre Einstellung und Ihr Verhalten wesentlichen Einfluss nehmen. Es ist wichtig, realistische Einstellungen unserem Körper und dessen Grundbedürfnissen gegenüber zu entwickeln. Mit fortschreitendem Alter benötigen wir weniger Schlaf, andere Nahrungsmittel und mehr Bewegung! Keine dieser Maßnahmen garantiert beschwerdefreies und langes Leben, doch Sie können damit Kontrolle über Ihr Wohlbefinden erlangen. Auch hier wirken denken, verhalten und befinden zusammen. Sie ändern Ihre Ernährungsgewohnheiten leichter, wenn Sie Ihre Einstellungen gegenüber bestimmten Nahrungsmitteln ändern. Sie gehen nur dann schwimmen oder zum Fitnesstraining, wenn Sie Ihre Vorbehalte gegen Sport aufgeben und sagen, dass dies eine gute Sache ist.

Hilfreiche Regeln sind:

1. *Günstige und förderliche Schlafgewohnheiten entwickeln.* Liegen Sie nicht zu lange im Bett, gehen Sie nicht zu früh ins Bett. Machen Sie am Tag kein Nickerchen. Begrenzen Sie die Schlafzeit auf z. B. sieben Stunden bezogen auf den gesamten Tag. Haben Sie nachmittags oder vor dem Fernseher ein Nickerchen gemacht, dann war das schon ein Teil der Schlafmenge, die Sie an einem Tag brauchen, also verkürzt sich der Nachtschlaf. Das Bett sollte nur zum Schlafen und zur Liebe da sein. Benützen Sie es nicht als Ort, um fernzusehen oder zu lesen oder über Probleme zu grübeln. Stehen Sie dafür auf und benutzen Sie dafür einen anderen, geeigneteren Ort. Denken Sie auch an die Umgebungstemperatur, 17 Grad und viel Luft sind im Schlafzimmer optimal. Wenn Ihre Matratze älter als zehn Jahre ist, dann sollten Sie sich eine neue zulegen. Planen Sie feste Zeiten ein, zu denen Sie ins Bett gehen und wieder aufstehen. Halten Sie diese Zeiten auch am Wochenende und im Urlaub ein. Wenn Sie festgestellt haben, dass Sie mit 7 Stunden Schlaf auskommen, dann gehen Sie nicht vor 23 Uhr ins Bett und stehen konsequent um 6 Uhr morgens auf. Diese „Schlafbegrenzung“ erhöht die Schlaftiefe und damit den Erholungswert des Schlafs.
2. *Wenden Sie Entspannungsübungen an.* Sie helfen dabei, das Grübeln, den Stress und den Druck einschlafen zu müssen, abzubauen. Beginnen Sie mit den Übungen zum Einschlafen erst dann, wenn Sie die Entspannungsübungen eine Zeit lang trainiert haben und richtig beherrschen. Eine Wirkung ist nicht sofort zu erwarten! Um einen Zustand der Entspannung zu erreichen, ist z. B. die folgende Atemübung nützlich. Üben Sie zunächst tagsüber vier Wochen lang jeden Tag. Dafür sollten Sie sich Zeit nehmen und die Übung fest in Ihren Tagesplan einbauen. Es ist am besten, dafür keine enge Kleidung zu tragen und auf einer Unterlage in Rückenlage mit leicht angewinkelten Beinen zu liegen.

> *Einatmen:* Atmen Sie durch die Nase ein, so schnell oder langsam, wie es für Sie angenehm ist. *Ausatmen:* Atmen Sie durch die Nase langsam und konzentriert aus. Sprechen Sie dabei in Gedanken langsam ein zweisilbiges Wort, zum Beispiel „Ruhe“. Wiederholen Sie die Übung beliebig oft.

Es gibt verschiedene Entspannungsformen, die Sie zusätzlich lernen können. Das Angebot reicht von Yoga, Meditation über Muskelentspannung,

Musiktherapie bis hin zu chinesischem Schattenboxen. Probieren Sie aus, besuchen Sie einen Schnupperabend oder einen Kurs an der Volkshochschule.

3. *Achten Sie auf Ihre Ernährung.* Nehmen Sie abends nur leicht verdauliche Speisen zu sich. Nach 17 Uhr sollten koffeinhaltige Getränke gemieden werden. Die Regeln für eine gesunde Ernährung sind sehr einfach. Gehen wir davon aus, dass eine positive Wirkung auf die Herz-Kreislauf-Erkrankungen und das Wohlbefinden erzielt werden soll und damit auch einer möglichen Depression vorgebeugt wird, so muss man nur wenig beachten: Übergewicht und besonders die viszerale Adipositas (ein „Bauch") soll vermieden werden. Das geschieht am besten durch fettarme Kost. Es ist ferner gut belegt, dass ballaststoffreiche Kost mit viel Obst und Gemüse und der regelmäßige Verzehr von Fischen sich positiv auf die Gesundheit auswirken. Eine ausreichende Vitamin- und Mineralstoffeinnahme zusammen mit der täglichen Nahrung ist dann gewährleistet, wenn man täglich genügend Obst und Gemüse isst und sich einer normalen Sonnenbestrahlung aussetzt. Durch Krankheiten und Depressionen kann es zu Appetit- und Gewichtsverlusten kommen, was zu einer Minderaufnahme dieser Stoffe führt.
4. *Üben Sie regelmäßige sportliche Aktivität aus.* Durch ausreichende Bewegung und regelmäßiges körperliches Training kann dem Alterungsprozess vorgebeugt werden. Insbesondere Herz, Atmung und Kreislauf können darüber stabilisiert werden. Körperliche Aktivität senkt das Sterblichkeitsrisiko und insbesondere die Todesrate durch Herz-Kreislauf-Erkrankungen. Durch regelmäßigen Sport wird das Risiko für die Entstehung von Darm-, Prostata- und Brustkrebs sowie von Osteoporose vermindert. Sport und tägliche Bewegung wirken antidepressiv! Körperliche Fitness verbessert das Wohlbefinden und stärkt das Selbstwertgefühl. Bei Frauen hat körperliche Aktivität eine größere Wirkung auf die Stimmung als bei Männern. Selbst bei bereits herzkranken Menschen senkt körperliche Aktivität sowohl das Infarktrisiko als auch das Risiko, an einer Depression zu erkranken.
5. *Tage und Abende entspannend und genussvoll gestalten.* Die richtige Balance zwischen Pflichten bzw. unangenehmen Dingen und erfreulichen, angenehmen Tätigkeiten ist für das Wohlbefinden ganz entscheidend. Sie sollten insbesondere darauf achten, dass abends die angenehmen, entspannenden Erfahrungen Ihren Alltag bestimmen. Gestalten Sie Ihre Abende „genussvoll"! Damit meine ich nicht, dass Sie dafür Alkohol

oder Nahrungsmittel oder andere Genussmittel benötigen. Dies ist in der Regel sogar schädlich und belastend. Es geht mehr um ruhige, entspannende Aktivitäten, die Sie unter Umständen erst herausfinden müssen. Auch hier gilt es auszuprobieren und einen Wechsel an verschiedenen Tätigkeiten zu planen.

3.8 Krisen erkennen, für den Notfall planen

Es ist bekannt, dass Belastungen zu Schwermut und Depression führen können. Oft tritt nicht nur eine Belastung bzw. ein Lebensereignis auf. Eine Belastung zieht häufig eine zweite oder gar mehrere nach sich. Eine Krisensituation breitet sich aus, lähmt immer mehr, und die Depressionsspirale dreht sich schneller als gedacht.

Krisen kann man vorbauen. Insbesondere kann man der Ausweitung von Krisen vorbeugen. Dazu ist es wichtig, dass Sie akzeptieren, dass es Krisen geben wird und Belastungen auftreten werden. Weiterhin ist es wichtig zu wissen, von welchen Belastungen Sie persönlich besonders betroffen sein können und auf welche Belastungen Sie besonders heftig reagieren.

Erstellen Sie dazu einen Liste mit Ihren persönlichen Risiken und verwenden Sie hierzu das Arbeitsblatt 4 im Anhang (vgl. Seite 75).

Treten einzelne der im Arbeitsblatt 4 aufgelisteten Merkmale auf, dann sollten Sie sofort reagieren. Nicht abwarten, bis noch mehr passiert. Wenn Sie wissen, dass eine Belastung auf Sie zukommt, dann bauen Sie vor. Als Regel gilt, dass Sie mit einer Belastung genug zu tun haben und keine zweite oder gar mehrere brauchen. Wenn Sie also wissen, dass Sie z. B. ins Krankenhaus müssen, dann sollten Sie versuchen, keine anderen Belastungen entstehen zu lassen oder sich zumindest nicht mit anderen Krisen beschäftigen.

Planen Sie die Zeit, Ihren Tages- und Wochenablauf während einer Krise sehr genau. Pflegen Sie angenehme Kontakte, sprechen Sie mit Bekannten und Freunden über Ihre Belastungen. Kontrollieren Sie Ihr Denken. Lassen Sie sich nicht wieder automatisch in die negative Ecke Ihres Denkens drängen. Benützen Sie Gedankenstopp, Gedankenkarten. Bauen Sie sich gezielt auf. Suchen Sie um Hilfe nach! Es ist keine Schande, in Krisen beim Arzt oder Psychologen Hilfe zu holen.

Wer erst in einer Notsituation überlegt und plant, tut sich schwer und wird leicht scheitern. Vorausschauendes Planen ist daher günstig. Erstellen Sie sich dafür bereits jetzt einen Notfallplan.

Beispiel: Mein Notfallplan

1. Schritt: Stopp! Befinden beobachten, überlegen.
2. Schritt: Jens oder Maria anrufen, offen besprechen.
3. Schritt: Von Belastungen fernhalten, keine weiteren Krisen.
4. Schritt: Tagesprotokoll wieder regelmäßig führen, genau auswerten.
5. Schritt: Angenehme Tätigkeiten einplanen und einhalten, weniger Pflichten.
6. Schritt: Hilfe bei Doktor ... holen, hingehen und offen besprechen.

Den persönlichen Notfallplan sollten Sie immer bereit halten und alles vorher ausprobieren. Wichtig ist, in einer Krisensituation nicht zu experimentieren oder Neues auszuprobieren, sondern auf Bewährtes zurückzugreifen. Halten Sie sich in Krisensituationen an den Plan!

3.9 Regeln für den Umgang mit Depression

Das bislang Gesagte lässt sich in einigen „Regeln“ zusammenfassen und so leichter merken:

Wichtige Regeln:

1. Schwermut und Depression sind eine ernst zu nehmende Störung unterschiedlicher Schwere und Dauer.
2. Ab einer gewissen Dauer und Schwere der Beschwerden ist fachliche Hilfe nötig.
3. Depressionen werden durch Psychotherapie (Verhaltenstherapie) und Medikamente (Antidepressiva) behandelt.
4. Selbstbeobachtung des Zusammenhangs von denken, handeln und fühlen sowie die Anwendung bestimmter Methoden erlauben Selbsthilfe.

5. Aktiv bleiben, nicht verkriechen, nicht im Bett oder auf dem Sofa liegen.
6. In einer Depression fällt fast alles schwer. Das ist Teil der Störung. Trotz dieser Hürde gilt es, etwas zur Überwindung zu tun, zu probieren, zu verändern.
7. Jeden Tag und jede Woche genau planen.
8. Den Alltag mit angenehmen Tätigkeiten anreichern, für eine ausgeglichene Alltagsstruktur sorgen.
9. Sich selbst loben, Fortschritte anerkennen, Ansprüche reduzieren.
10. Depressive Gedanken sind nicht wahr, sondern destruktiv und wenig hilfreich.
11. Kontakte pflegen, auch wenn es schwer fällt.
12. Neue soziale Kontakte schaffen.
13. Auf Ernährung, Bewegung und Schlaf achten.
14. Vertraute und Angehörige in die Lage einweihen.
15. Akzeptieren von kleinen Veränderungen, von ähnlichen, langsamen Schritten.
16. Belastungen und Krisen können Depressionen fördern bzw. verlängern, die Vorbereitung und Planung ermöglichen eine Vorbeugung.

Insgesamt gilt, dass Selbsthilfe auch an ihre Grenzen stößt. Bei Schwermut und Depression Hilfe zu benötigen ist kein Versagen, sondern entspricht der Ernsthaftigkeit dieser Krankheit. Erfolgversprechende Hilfe bekommen Sie bei Psychologischen Psychotherapeuten (Verhaltenstherapie) und bei Psychiatern (Antidepressiva).

3.10 Was Angehörige tun können

Zunächst sollten Angehörige sich über Schwermut und Depression informieren. Bei älteren Betroffenen sollten sich Angehörige zusätzlich über Besonderheiten von depressiven Störungen im Alter kundig machen. Dieses Buch ist daher auch für Angehörige geschrieben. Betroffene, Angehörige und Freunde sollten es gleichermaßen lesen.

Partner, Familie, Kinder, Bekannte und Freunde sind keine Therapeuten. Diese Rolle zu übernehmen sollte gar nicht erst versucht werden. Es wird dadurch meist mehr Unheil angerichtet, als Positives bewirkt.

Das Wichtigste, das Angehörige tun können, ist dem depressiven Angehörigen immer wieder zu versichern, dass man auch in der schweren Phase fest zu ihm/ihr steht. Es ist dabei gleichgültig, wie stark die Depression oder wie widersprüchlich das Verhalten ist.

Hilfreich sind ferner Versicherungen, dass Depression eine Krankheit und gut zu behandeln ist, wieder vorbei geht und – selbst wenn es phasenweise schwer fällt – bewältigt werden kann. Sicherheit und zugewandte Gelassenheit zu vermitteln, ist entscheidend.

Zieht sich der depressive Mensch immer mehr zurück, dann ist es nicht hilfreich, den Patienten gewähren zu lassen. Vielmehr ist es ratsam, vorsichtig zu versuchen, Vorschläge für gemeinsame Aktivitäten zu machen oder ihn zu ermuntern allein etwas zu unternehmen. Nicht warten, bis der Betroffene von alleine kommt. Auch nicht warten, bis die Stimmung besser ist.

Lob und Anerkennung, insbesondere während einer depressiven Phase und bei den kleinsten Fortschritten sind hilfreich und förderlich. Dabei sollte man sich nicht von Abwehr verunsichern lassen.

Klagen, Schwächen und Beschwerden sind Ausdruck der Schwermut, kein Erpressungsversuch. Daher muss man dafür Verständnis entwickeln. Trost tut gut. Das sollte jedoch nicht zur Bemutterung und Bevormundung führen. Mitleid ist förderlich, doch nicht Mitleiden!

Man muss nicht ständig und ohne Rücksicht auf die eigene Lage bei dem von einer Depression Betroffenen sein. Es ist sogar gut, wenn man sich abkoppelt, an die eigene Verfassung denkt und etwas für sich persönlich macht. Sich die Schuld an der Entwicklung einer Depression einreden zu lassen, ist falsch. Eine Person allein ist niemals Schuld an einer Depression.

Schwermut hat immer etwas sehr Ansteckendes. Sich durch Überfürsorge von der Schwermut anstecken zu lassen, hilft weder dem Betroffenen, noch den Angehörigen bzw. Bekannten.

Eine normale, freundliche, beschützende und anregende Atmosphäre ist gut gegen Resignation und Schwermut. Auch ein Schwermütiger ist ein gleichrangiger und gleichwertiger Partner. Daher sollte man nicht über den Kopf des Betroffenen hinweg entscheiden.

3.11 Fehler und ungeschicktes Verhalten

Es ist ungeschickt und schädlich, Depressiven mit Ungeduld, Unverständnis, Überforderung oder einem Appell an den Willen und Druck zu begegnen. Das verstärkt die Schuldgefühle. Ebenso falsch sind ablenkende Sprüche, wie „das wird schon wieder“, „morgen scheint wieder die Sonne“, „ist schon viel besser geworden“ u. Ä. Diese Äußerungen schaffen nur Distanz und erzeugen ein Gefühl, nicht verstanden zu werden. Sie sollten Depressionen nicht geheim halten. Sprechen Sie darüber. Es ist belastend mit einem depressiven Menschen in Urlaub zu fahren oder gar einen Umzug zu machen. Eine neue, fremde Umgebung belastet und überfordert. Genauso falsch ist es, während einer Depression weit reichende Entscheidungen zu treffen. Es ist besser, dies aufzuschieben bis die Schwermut besser geworden ist.

Appelle, sich zusammenzureißen, sich nicht gehen zu lassen, nicht ständig zu klagen, helfen nichts. Bei depressiven Menschen liegt kein mangelnder Wille vor, sondern sie können sich phasenweise nicht anders verhalten.

Depressionen sind wechselhaft, verlaufen in Wellen, bessern sich, werden wieder schlechter, brauchen viel Zeit und Geduld, von den Angehörigen wie von den Betroffenen.

3.12 Wo bekommt man Hilfe?

Niedergelassene Psychiater und Nervenärzte

Antidepressiva sollten immer durch eine Fachperson, also einen Psychiater, Nervenarzt, Neurologen, nicht alleine durch den Hausarzt, einen Internisten oder Allgemeinarzt verordnet werden. Es ist daher immer gut, die Diagnose und den Behandlungsvorschlag eines Arztes durch eine zweite, unabhängige Meinung absichern zu lassen.

Viele Fachärzte haben auch eine Zusatzqualifikation für Psychotherapie. Das könnte eigentlich die ideale Voraussetzung für eine qualifizierte Behandlung von Depressionen im Alter darstellen. Leider trifft dies oft nicht zu. Niedergelassene Ärzte sind häufig trotzdem nicht psychotherapeutisch tätig oder sind tiefenpsychologisch bzw. psychodynamisch orientiert. Daher sollte die ärztliche, medikamentöse Behandlung, falls erforderlich, immer durch eine psychologische Psychotherapie ergänzt werden.

Psychologische Psychotherapeuten

Depression sollte immer auch psychotherapeutisch, insbesondere verhaltenstherapeutisch behandelt werden. Diese Psychotherapie, also die „Kognitive Verhaltenstherapie“ arbeitet konkret an den persönlichen Problemen orientiert, ist pragmatisch und alltagsnah. Es kommen dabei ganz ähnliche Dinge zur Anwendung wie sie auch in diesem Ratgeber beschrieben und empfohlen werden.

Besonders hilfreich ist es, wenn die Psychotherapie mit Materialien und konkreten Hilfestellungen arbeitet, die Betroffene dazu anregen, etwas zu tun, den Alltag und das Denken zu verändern, neue Erfahrungen auslösen und nicht nur „geredet“ wird. Psychotherapie sollte keine „Gesprächstherapie“ sein, sondern eine „Verhaltenstherapie“. Dort wird auf die Veränderung des Denkens und des Verhaltens Wert gelegt.

Informationen

Verzeichnisse von Fachärzten und Psychotherapeuten erhält man bei den lokalen Krankenkassen, den regionalen Ärzte- und Psychotherapeutenkammern. Dort sind Listen zugelassener Fachleute für Kognitive Verhaltenstherapie und für die Behandlung älterer Patienten abzufragen. Psychotherapie ist immer eine Behandlung, die entscheidend von der Beziehung zum Behandler geprägt ist. Daher ist es wichtig, dass Patienten sich bei einem Psychotherapeuten wohl und verstanden fühlen. Ist dies nach wenigen Kontakten nicht der Fall, sollte die Behandlung nicht fortgesetzt, sondern nach Alternativen Ausschau gehalten werden.

Eine weitere wichtige Informationsquelle ist die Netzseite des „Kompetenznetz Depression und Suizidalität“. Dieser Forschungsverbund ist nicht nur wissenschaftlich orientiert, sondern hat große Kampagnen veranstaltet, um auf das Thema Depression aufmerksam zu machen, Ärzte, Angehörige und Betroffene zu informieren und dazu zu bringen, Depressionen frühzeitig zu erkennen und eine Behandlung zu ermöglichen. Diese Aktionen laufen europaweit, werden jedoch getragen durch regionale und lokale Organisatoren unter dem Titel „Bündnis gegen Depression". Das Kompetenznetz hat auf seiner Webseite hilfreiche Informationen und Anregungen, die kostenlos abgerufen werden können. Ferner gibt es dort auch die Möglichkeit sich mit Fragen an Experten zu wenden.

Die Netzadresse des Kompetenznetzes Depression und Suizidalität lautet:
- http://www.kompetenznetz-depression.de

Weitere hilfreiche Netzadressen sind:
- http://www.depression.de
- http://www.depression.ch
- http://www.gsk.com
- http://www.promentesana.ch
- http://www.dgps.de
- http://www.klinische-psychologie-psychotherapie.de

Selbsthilfeorganisationen

In jedem Land und in jeder Region gibt es Selbsthilfegruppen, die Unterstützung durch Betroffene anbieten. Hier die Adressen einiger Organisationen:

NAKOS – Nationale Kontakt- und
Informationsstelle von Selbsthilfegruppen
Albrecht-Achilles-Straße 65
10709 Berlin
http://www.nakos.de

Dachverband psychosozialer Hilfsvereinigungen und
Bundesverband der Angehörigen psychisch Kranker
Thomas-Mann-Straße 49a
53111 Bonn

Equilibrium
Postfach 4819
CH-6304 Zug
http://www.depressionen.ch

Psychosoziale Information (PSI)
Allgemeine Informationen und Auskünfte
Fuchsthaller Gasse 18/2
A-1090 Wien
http://www.psd-wien.at

Anhang

Literaturempfehlungen

Zum Thema Depression gibt es eine Fülle von Informationen, Broschüren, Heftchen und Bücher. Hier sollen nur einige wenige genannt werden.

Epstein, R. (2002). *Wenn der Mensch, den du liebst, depressiv ist*. Reinbek: Rowohlt.

Hautzinger, M. (1998). *Depression.* Reihe Fortschritte der Psychotherapie. Göttingen: Hogrefe.

Hautzinger, M. (2000). *Depression im Alter*. Ein kognitiv-verhaltenstherapeutisches Gruppenprogramm. Reihe: Materialien für die Praxis. Weinheim: Beltz/ Psychologie Verlags Union.

Hell, D. (2002). *Welchen Sinn macht Depression?* Reinbek: Rowohlt.

Hoffmann, N. & Hofmann, B. (2002). *Depression. Informationsmaterial für Betroffene und Patienten.* Lengerich: Pabst.

Josuran, R. & Hoehne, V. (1999). *Mittendrin und nicht dabei.* Mit Depressionen leben lernen. Zürich: Haffmanns.

Kuiper, P. C. (1995). *Seelenfinsternis. Die Depression eines Psychiaters*. Frankfurt: Fischer.

Woggon, B. (2002). *Ich kann nicht wollen*. Berichte depressiver Patienten. Bern: Huber.

Arbeitsblätter

Arbeitsblatt: Selbstbeurteilung der Depression 1

Die folgenden Fragen betreffen Ihr Wohlbefinden in den letzten zwei Wochen. Lesen Sie die fünf Fragen durch und beantworten Sie jede Aussage entsprechend den sechs Möglichkeiten mit

5 = die ganze Zeit
4 = meistens
3 = etwas mehr als die Hälfte der Zeit
2 = etwas weniger als die Hälfte der Zeit
1 = ab und zu
0 = zu keinem Zeitpunkt

In den letzten zwei Wochen ...	Die ganze Zeit	Meis-tens	Etwas mehr als die Hälfte der Zeit	Etwas weniger als die Hälfte der Zeit	Ab und Zu	Zu keinem Zeit-punkt
1. ... war ich froh und guter Laune.	5	4	3	2	1	0
2. ... habe ich mich ruhig und entspannt gefühlt.	5	4	3	2	1	0
3. ... habe ich mich energisch und aktiv gefühlt.	5	4	3	2	1	0
4. ... habe ich mich beim Aufwachen frisch und ausgeruht gefühlt.	5	4	3	2	1	0
5. ... war mein Alltag voller Dinge, die mich interessieren.	5	4	3	2	1	0

Die Auswertung dieses von der Weltgesundheitsorganisation entwickelten und im Rahmen des Kompetenznetzes Depression untersuchten Fragebogens ist ganz einfach. Zählen Sie die Werte in den von Ihnen angekreuzten Kästen zusammen. So können Sie einen Summenwert zwischen 0 und 25 erreichen. Je höher Ihr Wert ist, desto besser fühlten Sie sich während der letzten zwei Wochen. Kritisch wird es, wenn Ihr Summenwert unter 14 Punkten liegt. Denn das Unterschreiten dieser Grenze (also 13 und weniger Punkte) deutet auf das Vorliegen einer Depression hin. Sie sollten mit Ihrem Arzt sprechen und Hilfe suchen.

Arbeitsblatt: Selbstbeurteilung von Hoffnungslosigkeit 2

1. Ich blicke mit Optimismus in die Zukunft.	☐ ja	☐ nein
2. Ich kann mir nicht vorstellen, wie mein Leben in 5 Jahren aussehen wird.	☐ ja	☐ nein
3. Ich bekomme nicht mehr was ich will, daher ist es Unsinn, überhaupt noch etwas zu wollen.	☐ ja	☐ nein
4. Das Leben wird mir noch viel mehr schöne Zeiten bringen als schlechte.	☐ ja	☐ nein
5. Ich setze viel Hoffnung in die Zukunft.	☐ ja	☐ nein
6. Ich habe keine Chance mehr.	☐ ja	☐ nein
7. Es bleibt mir noch genug Zeit, um die Sachen, die mir Spaß machen, zu tun.	☐ ja	☐ nein
8. Die Zukunft liegt für mich im Dunkeln.	☐ ja	☐ nein

Auswertung und Bedeutung der Antworten

Haben Sie die Fragen 1, 4, 5 und 7 mit „nein“ und die Fragen 2, 3, 6 und 8 mit „ja“ beantwortet, dann geben Sie sich dafür jeweils einen Punkt. Diese Antworten deuten auf Hoffnungslosigkeit hin. Erreichen Sie in diesem Selbsttest mehr als 3 Punkte, dann ist die Gefahr einer „Kurzschlusshandlung“ hoch (vgl. auch Kapitel 1.8 zu Selbsttötungsversuchen) und Sie sollten sich jemandem anvertrauen, einen Arzt oder Psychotherapeuten aufsuchen. Sie brauchen Hilfe!

Arbeitsblatt: Tagesprotokoll 3

Datum: ______________________

Stimmungsurteil: 1 = sehr gute Stimmung
2 = gute Stimmung
3 = mittelmäßige Stimmung
4 = weniger gute Stimmung
5 = schlechte Stimmung
6 = sehr schlechte Stimmung

Uhrzeit	Was habe ich getan, erlebt, gedacht …	Stimmung
6–7		
7–8		
8–9		
9–10		
10–11		
11–12		
12–13		
13–14		
14–15		
15–16		
16–17		
17–18		
18–19		
19–20		
>20		

Arbeitsblatt: Anzeichen für Krisen und schwierige Phasen 4

Folgende Liste enthält mögliche kritische Ereignisse und Belastungen, die eine Krise auslösen können. Ergänzen Sie die Liste mit Ihren persönlichen Risiken. Benennen Sie die Belastungen ganz genau und persönlich!

1. Stimmungstiefs (heftiger oder länger als normal).
2. Mehrere depressive Symptome treten gleichzeitig auf.
3. Verschiedene unerklärliche körperliche Beschwerden.
4. Verluste (Personen, Sachen, Aufgaben, Ziele).
5. Belastungen, Konflikte (mit Familie, Partner, Bekannten).
6. Krankheiten, Krankenhausaufenthalte.
7. Isolation, längeres Alleinsein.
8. Kritik, Ablehnung, Misserfolg.
9. Mehrere Veränderungen, Belastungen gleichzeitig.
10. Einseitiger Lebensstil (nur Arbeit, nur Pflichten).
11. Herbst, Winter, trübes Wetter.
12. Jahrestage, die negative Erinnerungen hervorrufen.
13. ______________________________
14. ______________________________
15. ______________________________